Hartmut Gerstein
Kleine Rechtskunde
für pädagogische Fachkräfte in Kitas

Hartmut Gerstein ist Jurist und hat von 1992 bis 2001 bei der Arbeitsgemeinschaft für Kinder- und Jugendhilfe (AGJ) in Bonn (heute Berlin) als Referent für Rechts- und Organisationsfragen in der Jugendhilfe gearbeitet. Von 2001 bis 2010 leitete er das Referat „Kindertagesstätten und Kindertagespflege" im Landesjugendamt Rheinland-Pfalz. Seit 2008 ist er als Lehrbeauftragter an der Hochschule Koblenz zuständig für das Modul „Spezielle Rechtsfragen für Leitungskräfte in Kindertageseinrichtungen" im berufsintegrierenden Fernstudiengang „Bildungs- und Sozialmanagement mit Schwerpunkt frühe Kindheit" (BA). In dem von Gerhard Fieseler und Reinhard Joachim Wabnitz herausgegebenen Gemeinschaftskommentar zum SGB VIII (GK-SGB VIII) ist er Bearbeiter der für die Kindertagesbetreuung relevanten Vorschriften des SGB VIII. Er ist Autor zahlreicher Aufsätze in Fachzeitschriften zu Rechtsfragen der Kindertagesbetreuung und gibt freiberuflich Fortbildungen für pädagogische Fachkräfte.

Hartmut Gerstein

Kleine Rechtskunde für pädagogische Fachkräfte in Kitas

Cornelsen

Bei Fragen und Anregungen wenden Sie sich bitte an unsere Berater:
Marketing, 14328 Berlin, Cornelsen Service Center,
Servicetelefon 030 / 89 785 89 29

Weitere Informationen finden Sie im Internet unter:
www.cornelsen.de/fruehe-kindheit

Lektorat: Ingrid Samel, Schriesheim
Illustrationen: Barbara Gerth, Hamburg
Umschlaggestaltung & Innenlayout: Claudia Adam Graphik Design, Darmstadt
Technische Umsetzung: Markus Schmitz, Büro für typographische Dienstleistungen,
Altenberge
Titelfotografie: © ARochau — fotolia.com

2., aktualisierte Auflage 2018

Druck: AZ Druck und Datentechnik GmbH, Kempten

ISBN 978-3-589-24888-9

PEFC zertifiziert
Dieses Produkt stammt aus nachhaltig
bewirtschafteten Wäldern und kontrollierten
Quellen.

www.pefc.de

PEFC™
PEFC/04-31-2260

Inhalt

Vorwort

Für die sozialpädagogische Arbeit in Tageseinrichtungen für Kinder sind Kenntnisse der rechtlichen und organisatorischen Rahmenbedingungen und der sichere Umgang mit rechtlichen Bestimmungen unerlässlich geworden. Erzieherinnen und Erzieher müssen in der Lage sein, Praxissituationen aus rechtlicher Sicht einzuordnen, die einschlägigen Rechtsquellen aufzufinden und lösungsorientiert anzuwenden. Sie müssen rechtliche Strukturen der Verwaltung kennen und wissen, wie deren Aufgaben und Zuständigkeiten verteilt sind. Sie müssen wissen, welche rechtlichen Anforderungen an sie gestellt werden und von welcher Stelle sie Beratung und Unterstützung erwarten können.

Menschen aus sozialen Berufen begegnen Rechtsfragen oft misstrauisch oder — z. B. bei Fragen von Aufsichtspflicht und Haftung — sogar mit Angst. Es wird behauptet, „das Recht" sei weltfremd und habe mit der pädagogischen Praxis nichts zu tun. Obwohl nicht auszuschließen ist, dass rechtliche Regelungen auch zu absurden Lösungen führen können, kann doch in der Regel davon ausgegangen werden, dass es keinen Widerspruch zwischen pädagogisch vernünftigen und rechtlich zulässigen Lösungen gibt. Wichtig ist nur, dass die rechtlichen Regelungen in ihrer Tragweite richtig erkannt und angewandt werden.

Das Studienbuch soll Studierenden in frühpädagogischen und kindheitspädagogischen Studiengängen, Fachkräften in Tageseinrichtungen für Kinder und angehenden Erzieherinnen und Erziehern eine Orientierung für die Praxis geben. Schwerpunkt bilden dabei das Kinder- und Jugendhilferecht und die Rechtsfragen, die sich im Tätigkeitsbereich von Kindergärten, Krippen und Horten ergeben.

Bodenheim, im Dezember 2017

Hartmut Gerstein

1 Die Bedeutung von Recht

1.1 Recht als Gestaltungselement der Gesellschaft

Unsere Gesellschaft stützt sich auf ein System von Vorschriften, die von gewählten Volksvertretern in gesetzgebenden Institutionen geschaffen werden, allgemeine Geltung beanspruchen und im Streitfall von Gerichten durchgesetzt werden können. Das geschriebene Recht hat die Aufgabe, das Zusammenleben der Gesellschaft verbindlich und dauerhaft zu regeln und soziale Konflikte zu vermeiden.

Rechtsnormen Rechtsnormen sind abstrakt-generelle Regelungen, das heißt Regelungen, die – losgelöst vom Einzelfall – auf eine Vielzahl von Sachverhalten anwendbar sind (abstrakt) und Geltungskraft für eine Vielzahl von Personen haben (generell). Sie begründen Handlungs- und Unterlassungspflichten (Gebote und Verbote) ebenso wie Erlaubnisse und Unterlassungsrechte.

Das geschriebene Recht wird von staatlichen Organen im Rahmen ihrer jeweiligen Zuständigkeit erlassen:

- **Gesetze** werden von den Parlamenten des Bundes und der Länder erlassen, z. B. *SGB VIII – Kinder- und Jugendhilfe, Kindertagesstättengesetze der Länder*.

- **Rechtsverordnungen** werden von Ministerien oder Behörden erlassen. Hierzu bedarf es einer besonderen Ermächtigung in einem Gesetz. Rechtsverordnungen regeln Einzelfragen bei der Durchführung eines Gesetzes, die dort selbst nicht behandelt sind.

- **Kommunale Satzungen**[1] sind Rechtsvorschriften von Gemeinden, Städten und kommunalen Zweckverbänden, die im Rahmen ihres Rechts auf kommunale Selbstverwaltung von den Vertretungskörperschaften (Gemeinderat,

---

1 Satzungen von Vereinen (*Trägerverein, Förderverein*) sind keine (staatlichen) Rechtsnormen, da sie keine allgemeine Geltung beanspruchen, sondern nur Rechte und Pflichten der Vereinsmitglieder begründen.

Stadtparlament, Zweckverbandsversammlung) erlassen werden, *z. B. Satzung für Elternbeiträge, Kindergarten-Benutzungssatzung.*

1.2 Hierarchie der Normen

Oberstes Gesetz für die Bundesrepublik Deutschland ist das Grundgesetz (GG), das als Verfassung die Grundrechte und die politische Ordnung regelt. Die Artikel des Grundgesetzes stehen über allen anderen Gesetzen, das heißt, dass die allgemeinen Gesetze mit dem Grundgesetz vereinbar sein müssen. Bundesrecht darf dem Landesrecht nicht widersprechen,[2] es sei denn, das Bundesrecht lässt es in dem Gesetz ausdrücklich zu, dass Länder abweichende Regelungen treffen oder beibehalten dürfen. Das Bundesrecht kann auch zulassen, dass die Länder zu einem Gesetz nähere Regelungen erlassen dürfen.[3] Diese Regelungen dürfen das Bundesrecht ausfüllen, sie dürfen aber nicht im Widerspruch zum Bundesrecht stehen.

Grundgesetz

Auch die Länder haben Verfassungen, die Vorrang vor den einfachen (Landes-)Gesetzen haben. Für die Prüfung, ob einfache Gesetze mit dem Verfassungsrecht vereinbar sind, gibt es für den Bund das Bundesverfassungsgericht und auf Landesebene die Verfassungsgerichte der Länder.

Landesverfassungen

1.3 Kommunalrecht

Kommunen (Städte und Gemeinden) führen im staatlichen Auftrag Gesetze und Verordnungen des Bundes und des Landes aus, sie können ihre eigenen Angelegenheiten jedoch im Rahmen der Gesetze in eigener Verantwortung regeln und in diesem Bereich selbst Normen setzen, z. B. Satzungen erlassen.[3a] Oft werden Gebühren und Abgaben durch Satzungen festgelegt, auch für die innere Ordnung (Statute) von Körperschaften und Gremien werden kommunale Satzungen erlassen. Das rechtmäßige Zustandekommen von kommunalen Satzungen wird durch die Verwaltungsgerichte überprüft.

Kommunale Satzungen

---

2   Art. 31 GG: Bundesrecht bricht Landesrecht

3   Vgl. z. B. § 26 SGB VIII Landesrechtsvorbehalt

3a Art. 28 Abs. 2 GG: kommunale Selbstverwaltung

1.4 Empfehlungen, Vereinbarungen

Empfehlungen Wichtig für die Praxis der Kindertagesstätten sind darüber hinaus Regelungen, die zwar nicht die Qualität von Normen haben, die aber dennoch eine gewisse Verbindlichkeit besitzen. Hierzu zählen Empfehlungen von Ministerien, vom Landesjugendhilfeausschuss oder von Spitzenverbänden. Ministerielle Empfehlungen sind nicht bindend wie Gesetze oder Verordnungen, sie sind jedoch eine Festlegung für die Praxis der Verwaltung und geben den Gerichten Hilfen bei der Interpretation von Gesetzen.

Zunehmend bedeutend sind außerdem Vereinbarungen, die meist zwischen den Spitzenverbänden der öffentlichen und der freien Träger abgeschlossen werden, an denen sich aber auch ein Ministerium beteiligen kann, beispielsweise Vereinbarungen über die Eignung von Fachkräften in Kindertageseinrichtungen. Auch diese werden in der Regel von der Rechtsprechung als Hinweis für die allgemeine Verwaltungsübung bewertet.

Vereinbarungen mit dem Jugendamt Wichtig sind auch Vereinbarungen zwischen öffentlichen und freien Trägern. Diese werden in der Regel abgeschlossen, wenn das Jugendamt verpflichtet ist, die Realisierung gesetzlicher Forderungen in deren Einrichtungen sicherzustellen. Ein derartiger Sicherstellungsauftrag ergibt sich gem. § 22a Abs. 5 SGB VIII für die Realisierung des Förderungsauftrags (Qualitätssicherung, Zusammenarbeit, Familienorientierung und Inklusion von Kindern mit Behinderung) sowie für den Schutzauftrag bei Kindeswohlgefährdung (§ 8a Abs. 4 SGB VIII). Bei den Vereinbarungen handelt es sich um öffentlich-rechtliche Verträge, die für die Beteiligten Bindungswirkung haben.

1.5 Privatrecht und öffentliches Recht

Bei den Rechtsgebieten wird unterschieden zwischen Privatrecht und öffentlichem Recht.

- Das **Privatrecht** (auch Zivilrecht) regelt die Rechtsbeziehungen der Bürger untereinander. Kennzeichen ist die Gleichberechtigung der am Rechtsverhältnis beteiligten Personen. Auch Rechtsbeziehungen von juristischen Personen (Vereinen, Gesellschaften) gehören zum Privatrecht. Wichtigstes Gestaltungselement ist der Vertrag, z. B. der Betreuungsvertrag, der Kaufvertrag oder der Arbeitsvertrag. Vorschriften des Privatrechts finden sich im Bürgerlichen Gesetzbuch BGB, z. B. Kaufrecht, Familienrecht, Haftungsrecht,

Vereinsrecht und Arbeitsrecht. Privatrechtliche Streitigkeiten werden durch Klage vor den ordentlichen Gerichten entschieden, z. B. vor dem Amtsgericht oder dem Landgericht.

- Das **öffentliche Recht** regelt die Rechtsbeziehungen zwischen dem Bürger und dem Staat. Es ist geprägt durch ein Über- und Unterordnungsverhältnis. Wichtigste Handlungsform der öffentlichen Verwaltung ist der Verwaltungsakt (behördlicher Bescheid). Auch die staatlichen Organisationsregelungen gehören zum öffentlichen Recht. Zu den Vorschriften des öffentlichen Rechts gehören die Bücher des Sozialgesetzbuchs, z. B. das SGB VIII – Kinder- und Jugendhilfe. Öffentlich-rechtliche Streitigkeiten sind den Verfassungs- und Verwaltungsgerichten bzw. den besonderen öffentlich-rechtlichen Gerichtsbarkeiten, wie z. B. dem Sozialgericht, zugewiesen. Bei Streitigkeiten im Bereich der Kinder- und Jugendhilfe (SGB VIII – Kindertagesstättengesetze der Länder) geht der Rechtsweg zu den Verwaltungsgerichten.

Zeckenfall

Bei einem Waldspaziergang stellt eine Erzieherin fest, dass eines der Kinder von einer Zecke gebissen wurde. Das Handy hat kein Netz, sodass es unmöglich ist, die Einrichtungsleitung oder die Eltern zu erreichen. Die Er-

zieherin hat schon einmal bei ihrer Tochter eine Zecke entfernt und über-
legt, ob sie jetzt bei dem Kind die Zecke entfernen darf. Ihre Kollegin hat
Bedenken. Sie habe gehört, das Entfernen einer Zecke sei ein körperlicher
Eingriff, der eigentlich nur von einem Arzt vorgenommen werden dürfe.
Auf jeden Fall sei es verboten, wenn kein Einverständnis der Eltern vorlie-
ge.

Rechtliche Überlegungen

Anknüpfend an das Wort „verboten" sollte hier zunächst einmal grundsätzlich die Frage gestellt werden: Wo steht das? Gibt es ein Gesetz, eine
Verordnung oder eine andere Rechtsvorschrift, die Erzieherinnen das Entfernen von Zecken ohne Zustimmung der Eltern des betroffenen Kindes
erlaubt oder verbietet? Falsch wäre es, sich allein auf Gerüchte zu verlassen.

Wenn es keine abstrakt-generellen Regelungen für diesen Zeckenfall gibt,
könnte es aber ein Verbot des Arbeitgebers geben. Im Rahmen seines
Direktionsrechts kann der Arbeitgeber seinen Erzieherinnen verbieten,
ohne Zustimmung der Eltern oder generell und unabhängig vom Willen der
Eltern Zecken zu entfernen. Andererseits gibt es keine Vorschrift, die ihn
dazu verpflichtet.

Rechtlich betrachtet könnte man es einerseits als Körperverletzung
(§ 223 StGB) ansehen, wenn die Erzieherin die Zecke entfernt, andererseits könnte man es auch als unterlassene Hilfeleistung (§ 323c StGB)
ansehen, wenn sie die Zecke nicht entfernt, obwohl sie dazu in der Lage
wäre.

Die einfache Lehre aus diesem Fall ist, dass es in einem Rechtsstaat für
alle Ver- und Gebote eine nachprüfbare Rechtsgrundlage geben muss. Zur
Beruhigung kann noch angemerkt werden, dass weder beim Entfernen der
Zecke noch beim Unterlassen ein rechtliches Risiko besteht. Fälle von
Schadensersatz und Schmerzensgeld bei unsachgemäßer Entfernung oder
gar strafrechtliche Verfolgung wegen Körperverletzung oder unterlassener
Hilfeleistung sind nicht bekannt. Die Unfallkasse Rheinland-Pfalz empfiehlt
Erzieherinnen, Zecken möglichst sofort zu entfernen (Newsletter
06/2012).

Zur Rechtsposition von Kindern und Eltern 2

Die pädagogische Arbeit in Kindertagesstätten ist geprägt durch das Bild vom Kind, das als aktiv lernendes in seinen Bildungsprozessen gefördert und unterstützt wird. Das Kind ist Subjekt des Erziehungsprozesses. Auf der Ebene des Rechts wird dies durch die eigenständige Rechtsposition von Kindern unterstrichen. Andererseits arbeitet die Kindertageseinrichtung im Auftrag der Eltern und unter Berücksichtigung des ihnen zustehenden Erziehungsrechts. In diesem Zusammenhang ist es daher wichtig, die Rechtspositionen von Kindern und Eltern näher kennenzulernen und mit dem öffentlichen Auftrag der Kinder- und Jugendhilfe in Bezug zu setzen.

2.1 Rechte des Kindes

Grundrecht für Kinder

Kinder sind Träger eigener Rechte (Rechtssubjekte). Für sie gelten – wie für die Erwachsenen – die im Grundgesetz niedergelegten Grundrechte, wie z.B. der Schutz der Menschenwürde (Art. 1 GG), die freie Entfaltung der Persönlichkeit, die Allgemeine Handlungsfreiheit, die Freiheit der Person sowie das Recht auf Leben und auf körperliche Unversehrtheit (Art. 2 GG). Allerdings ist der Grundrechtskatalog des Grundgesetzes (Art. 1 bis 19 GG) weitgehend auf die Lebenssituation von Erwachsenen ausgerichtet. Trotz vieler Forderungen und Bekundungen gibt es im Grundgesetz (noch) kein eigenständiges Grundrecht für Kinder.[4]

Rechte von Minderjährigen

Minderjährige sind zwar vollwertige Rechtssubjekte, sie genießen jedoch nicht sofort alle Rechte. Die Rechtsfähigkeit, also die Fähigkeit, Träger von Rechten und Pflichten zu sein, beginnt mit der Vollendung der Geburt (§ 1 BGB). Die juristische Handlungsfähigkeit, z.B. das Recht, wirksame Willenserklärungen abzugeben, eigene Anträge zu stellen oder im Verfahren angehört zu werden, beginnt erst zu späteren Zeitpunkten. Ab Vollendung des siebten Lebensjahres sind Minderjährige beschränkt geschäftsfähig.

Sie können Rechtsgeschäfte abschließen, die allerdings, sofern sie ihnen nicht ausschließlich rechtliche Vorteile bringen, der (vorherigen) Zustimmung oder der (nachträglichen) Einwilligung ihres gesetzlichen Vertreters bedürfen (vgl. § 107 BGB). Eine Ausnahme von der Zustimmungserfordernis regelt der sogenannte Taschengeldparagraf (§ 110 BGB).

---

§ 110 BGB — „Taschengeldparagraf"

Ein von einem Minderjährigen ohne Zustimmung des gesetzlichen Vertreters geschlossener Vertrag gilt als von Anfang an wirksam, wenn der Minderjährige die vertragsmäßige Leistung mit Mitteln bewirkt, die ihm zu diesem Zwecke oder zu freier Verfügung von dem Vertreter oder mit dessen Zustimmung von einem Dritten überlassen worden sind.

Danach können also Minderjährige mit ihrem eigenen Geld wirksam einkaufen. Sie können allerdings keine Verpflichtungen für die Zukunft eingehen, z. B. Ratenkäufe tätigen.

Religionsmündigkeit   Die Religionsmündigkeit, also das Recht, allein zu entscheiden, zu welchem religiösen oder weltanschaulichen Bekenntnis sich der junge Mensch bekennen will, beginnt mit Vollendung des 14. Lebensjahres. Bereits ab dem Alter von 12 Jahren darf ein Religionswechsel nicht gegen den Willen des Kindes erfolgen.[5]

Beratungsanspruch   Kinder und Jugendliche haben — unabhängig von ihrem Alter — das Recht, sich in allen Angelegenheiten der Erziehung und Entwicklung an das Jugendamt zu wenden (§ 8 Abs. 2 SGB VIII) und einen Anspruch auf Beratung. Dies kann auch ohne Kenntnis der Eltern erfolgen, wenn die Beratung aufgrund einer Not- und Konfliktlage erforderlich ist und durch die Mitteilung an die Eltern der Beratungszweck vereitelt würde (§ 8 Abs. 3 SGB VIII).

2.2   UN-Kinderrechtskonvention

Die UN-Kinderrechtskonvention (KRK)[6] wurde am 20. November 1989 von der Generalversammlung der Vereinten Nationen angenommen und ist inzwischen

---

5   Vgl. § 5 Gesetz über die religiöse Kindererziehung (KErzG), BGBl. I, S. 2586
6   Nähere Informationen unter www.netzwerk-kinderrechte.de/

von nahezu allen UN-Mitgliedern ratifiziert worden. Sie ist das einzige umfassende internationale Vertragswerk, das ausschließlich Rechts- und Schutzansprüche von Kindern behandelt. Hierbei ist „Kind" gem. Art. 1 KRK jeder Mensch, der noch nicht volljährig ist, in Deutschland Kinder und Jugendliche bis zur Vollendung des 18. Lebensjahres. Die Konvention sieht Kinder ausdrücklich als Personen mit eigenständigen Menschenrechten und der Fähigkeit, diese selbständig auszuüben. Kinder werden somit als eigenständige Rechtssubjekte behandelt, ihre persönlichen, politischen, sozialen, wirtschaftlichen und kulturellen Rechte werden völkerrechtlich verbindlich anerkannt. Neben den Bereichen des klassischen Jugendschutzes formuliert die Konvention Rechte auf Versorgung und Förderung sowie Beteiligungsrechte. Die Unterzeichnerstaaten haben sicherzustellen, dass

- die Grundbedürfnisse von Kindern befriedigt werden,

- Kinder vor Gewalt und Ausbeutung geschützt werden,

- Kindern ausreichend Gelegenheit gegeben wird, eine aktive Rolle in der Gesellschaft einzunehmen und sich zu eigenen Angelegenheiten äußern zu können,

- Eltern in die Lage versetzt werden, ihre Kinder ausreichen zu versorgen,

- insbesondere hilfsbedürftige Kinder einschließlich derer, die außerhalb der Familie aufwachsen, die beste Pflege erhalten und

- Eltern und Kinder die Konvention und ihre Bedeutung kennenlernen.

Die KRK verpflichtet die Vertragsstaaten, alle geeigneten Gesetz- *Staatenverpflichtung* gebungs-, Verwaltungs- und sonstigen Maßnahmen zur Verwirklichung der in diesem Übereinkommen anerkannten Kinderrechte zu treffen (Art. 4 KRK). Um sicherzustellen, dass die Staaten ihren Verpflichtungen aus der Konvention nachkommen, bedient sich die KRK eines abgestuften Verfahrens von Öffentlichkeit und Kontrolle, das in dieser Form einzigartig ist. Die Konvention organisiert einen permanenten Informations- und Diskussionsprozess zwischen den Betroffenen (Kindern und Erwachsenen), den Verbänden, den staatlichen Stellen und der Staatengemeinschaft, der die Fortschritte bei der Verwirklichung der Rechte des Kindes aufnehmen und die Schwierigkeiten, Versäumnisse und Defizite in dem betroffenen Land aufdecken soll. Dies geschieht durch

- Bekanntmachung des Inhalts der Konvention,

- allgemeine Diskussion über die Einhaltung bzw. Verwirklichung der Rechte,

- Berichterstattung der Regierung an den UN-Ausschuss für die Rechte des Kindes,[7]

- Veröffentlichung des Berichts und Meinungsbildung in der Öffentlichkeit und mit den Nichtregierungsorganisationen,

- Diskussion des Länderberichts im UN-Ausschuss und Empfehlung an die Regierung.

Die Regierungen sind verpflichtet, diesen diskursiven Prozess in Gang zu halten.

Das am 19.12.2011 von der Generalversammlung der Vereinten Nationen beschlossene Zusatzprotokoll zur KRK sieht darüber hinaus die Möglichkeit vor, dass sich Einzelne und Gruppen von Kindern in einem Einzelbeschwerdeverfahren unmittelbar an den UN-Ausschuss für die Rechte des Kindes in Genf wenden. Voraussetzung ist allerdings, dass vorher der nationale Rechtsweg ausgeschöpft wird.

2.3 Eigene Ausübung von Rechten

Anwalt des Kindes Nach deutschem Recht ist die Fähigkeit der Ausübung eigener Rechte im Wesentlichen an die Volljährigkeit geknüpft, die mit 18 Jahren eintritt.[8] Nach der Rechtsprechung des Bundesverfassungsgerichts haben Kinder allerdings bei einer Interessenskollision auch ohne Zustimmung ihrer Eltern das Recht, ihre Grundrechte vor dem Gericht geltend zu machen. Auch in Verfahren vor dem Familiengericht können Minderjährige mit Unterstützung eines Verfahrensbeistands[9] (Anwalt des Kindes) ihre Interessen eigenständig vertreten lassen.

Im Regelfall sind jedoch Kinder, insbesondere in dem Alter, in dem sie Kindertageseinrichtungen besuchen, weitgehend darauf angewiesen, dass die Personensorgeberechtigten, in der Regel die Eltern, für sie rechtlich handeln.

---

7 Die Berichte der Bundesregierung zur Lage der Kinder in Deutschland finden sich auf www.netzwerk-kinderrechte.de.

8 Siehe hierzu § 2 Bürgerliches Gesetzbuch (BGB), § 50 Zivilprozessordnung (ZPO), § 12 Verwaltungsverfahrensgesetz (VwVfG) und § 62 Verwaltungsgerichtsordnung (VwGO)

9 § 158 Gesetz über das Verfahren in Familiensachen und in den Angelegenheiten der freiwilligen Gerichtsbarkeit (FamFG)

2.4 Elternrechte, Elternpflichten

Zentrale Norm für die Rechte der Eltern und für das Eltern-Kind-Verhältnis ist Art. 6 Abs. 2 GG. Danach sind Pflege und Erziehung der Kinder einerseits das natürliche Recht der Eltern und andererseits die zuvörderst ihnen obliegende Pflicht. Während in den meisten Grundrechtsartikeln die Rechtsposition des Grundrechtsträgers betont wird, wird im „Elterngrundrecht" das Recht unmittelbar verknüpft mit der Verpflichtung der Eltern gegenüber dem Kind. Man spricht daher von einem pflichtengebundenen Elternrecht. Art. 6 Abs. 2 GG unterscheidet sich von anderen Grundrechten auch deshalb, weil es ein Recht normiert, das nicht einer Person allein zusteht, sondern gemeinsam den Eltern.

Elterngrundrecht

Art. 6 Abs. 2 Grundgesetz (GG)

Pflege und Erziehung der Kinder sind das natürliche Recht der Eltern und die zuvörderst ihnen obliegende Pflicht. Über ihre Betätigung wacht die staatliche Gemeinschaft.

Abb. 1: Elternrecht und staatliches Wächteramt

Staatliches Wächteramt Die Eltern haben die Verpflichtung, für das Wohl des Kindes zu sorgen. Zugleich hat der Staat – oder wie es das Grundgesetz ausdrückt: die „staatliche Gemeinschaft" – über die Betätigung des Elternrechts zu wachen (staatliches Wächteramt). Der Staat darf aber nur in das Elternrecht eingreifen, wenn die Eltern nicht gewillt oder nicht in der Lage sind, die Gefahr für das Wohl des Kindes abzuwenden.[10]

Im Zusammenhang mit dem besonderen Schutz von Ehe und Familie (Art. 6 Abs. 1 GG) ist das Elternrecht ein Abwehrrecht gegen staatliche Eingriffe in die Erziehung der Kinder. Darüber hinaus ergibt sich aus diesem Recht eine staatliche Gewährleistungsverpflichtung zur Verwirklichung des Kindeswohls und zur Schaffung positiver Lebensbedingungen für ein gesundes Aufwachsen des Kindes.

Das Grundgesetz gibt den Eltern weitreichende Freiheit in der Erziehung des Kindes. Ein vom Staat verbindlich vorgegebenes Erziehungsziel wäre mit dem GG nicht vereinbar.

> **Urteil des Bundesverfassungsgerichts vom 16. Januar 2003**
>
> „Art. 6 Abs. 2 Satz 1 GG garantiert den Eltern das Recht auf Pflege und Erziehung ihrer Kinder. Sie können grundsätzlich frei von staatlichem Einfluss nach eigenen Vorstellungen darüber entscheiden, wie sie ihrer Elternverantwortung gerecht werden wollen. Ziel, Inhalt und Methoden der elterlichen Erziehung liegen im Verantwortungsbereich der Eltern. Konkrete Erziehungsziele sind ihnen von Verfassungswegen nicht vorgegeben. Art. 6 Abs. 2 GG schützt die Eltern damit vor staatlichen Eingriffen bei der Ausübung ihres Erziehungsrechts und verbindet dies mit der Verpflichtung, das Wohl des Kindes zur obersten Richtschnur der Erziehung zu machen."[11]

Die elterliche Erziehung findet ihre Grenzen in der grundrechtlich geschützten Position des Kindes, dessen Persönlichkeitsrechte (Schutz der Menschenwürde, Art. 1 GG) und dessen Recht auf freie Entfaltung seiner Persönlichkeit (Art. 2 GG) zu schützen und zu fördern sind.

Der Text von Art. 6 Abs. 2 GG wurde wortgleich in § 1 Abs. 2 SGB VIII übernommen und macht den hohen Stellenwert der elterlichen Erziehungsverantwortung

---

10 Siehe hierzu § 1666 BGB
11 www.bverfg.de/entscheidungen/rs20030116_2bvr071601.html, Rdn. 61

in der Kinder- und Jugendhilfe deutlich. Nach § 1 Abs. 3 Nr. 2 SGB VIII hat die Jugendhilfe die Aufgabe, Eltern bei der Erziehung zu beraten und zu unterstützen. Dieser Unterstützungsauftrag (vgl. Roth, Handbuch Bildungs- und Erziehungspartnerschaft S. 50) wird in den weiteren Regelungen für die Förderung in Tageseinrichtungen und Kindertagespflege konkretisiert:

- Das Leistungsangebot soll gem. § 22 Abs. 3 Nr. 3 SGB VIII die Erziehung und Bildung in der Familie unterstützen.

- Die Fachkräfte sollen gem. § 22a Abs. 2 Nr. 1 SGB VIII mit den Erziehungsberechtigten zum Wohle der Kinder und zur Sicherung der Kontinuität des Erziehungsprozesses zusammenarbeiten.

- Die Erziehungsberechtigten sind gem. § 22a Abs. 2 Satz 2 SGB VIII an den Entscheidungen in wesentlichen Angelegenheiten der Erziehung, Bildung und Betreuung zu beteiligen.

- Tageseinrichtungen für Kinder haben einen vom Elternrecht aus Art. 6 Abs. 2 GG abgeleiteten Erziehungsauftrag, der zugleich aus dem Wächteramt die Verpflichtung enthält, das Wohl des Kindes in der Einrichtung zu gewährleisten und bei Gefährdungen des Kindeswohls auch dann für das Kind Partei zu ergreifen, wenn die Eltern dazu nicht bereit oder in der Lage sind.

Nach der Rechtsprechung des Bundesverfassungsgerichts (BVerfG Beschluss vom 29.01.2010 – 1 BvR 374/09) berechtigt nicht jedes Versagen oder jede Nachlässigkeit der Eltern zu einem Eingriff in das Elternrecht. Nach Art. 6 Abs. 2 Satz 1 GG können die Eltern zwar grundsätzlich frei von staatlichen Eingriffen nach eigenen Vorstellungen darüber entscheiden, wie sie die Pflege und Erziehung ihrer Kinder gestalten und damit ihrer Elternverantwortung gerecht werden wollen. Das Kindeswohl müsse aber die oberste Richtschnur der elterlichen Pflege und Erziehung sein. Nicht jedes Versagen oder jede Nachlässigkeit der Eltern berechtige den Staat auf der Grundlage seines ihm nach Art. 6 Abs. 2 Satz 2 GG zukommenden Wächteramtes, die Eltern von der Pflege und Erziehung ihres Kindes auszuschalten oder gar selbst diese Aufgabe zu übernehmen. Denn zum Wächteramt des Staates zähle nicht die Aufgabe, für eine den Fähigkeiten des Kindes bestmögliche Förderung zu sorgen. Die Eltern und deren sozioökonomische Verhältnisse gehören grundsätzlich zum Schicksal und Lebensrisiko eines Kindes. Das elterliche Fehlverhalten müsse deshalb ein solches Ausmaß erreichen, dass das Kind bei einem Verbleiben in der Familie in seinem körperlichen, geistigen oder seelischen Wohl nachhaltig gefährdet sei. Wenn Eltern das Sorgerecht für ihr Kind entzogen und damit zugleich die Aufrechterhaltung der Trennung des Kindes von ihnen gesichert werde, dürfe dies zudem nur unter strikter Beachtung des Grundsatzes der Verhältnismäßigkeit erfolgen.

3 Kinder- und Jugendhilferecht

Das Kinder- und Jugendhilferecht ist auf der **Ebene des Bundes** im Achten Buch Sozialgesetzbuch (SGB VIII – Kinder- und Jugendhilfe) geregelt. Im weiteren Sinne gehört aber z. B. auch das Bürgerliche Gesetzbuch (BGB) insbesondere mit seinen familienrechtlichen Vorschriften der §§ 1591 bis 1921 BGB, das Adoptionsvermittlungsgesetz (AdVermiG), das Jugendschutzgesetz (JSchG) und das Gesetz zur Kooperation und Information im Kinderschutz (KKG) zum Kinder- und Jugendhilferecht.

Auf **Landesebene** gehören dazu die Ausführungsgesetze zum SGB VIII[12] sowie die Landeskinderschutzgesetze.

Auf **internationaler Ebene** zählen insbesondere die UN-Kinderrechtskonvention (KRK) und das Haager Minderjährigenschutzabkommen (Haager MSA) zum Recht der Kinder- und Jugendhilfe.

3.1 Von der Jugendwohlfahrt zur Kinder- und Jugendhilfe

Im 19. Jahrhundert waren in Deutschland gesetzliche Bestrebungen zugunsten von Kindern im Wesentlichen auf die öffentliche Armen- und Waisenpflege, die Einschränkung der gewerblichen Kinderarbeit und die Einführung der Schulpflicht beschränkt. Erst zu Beginn des 20. Jahrhunderts verbreitete sich unter dem Einfluss sozialer und pädagogischer Reformbewegungen der Gedanke, dass Minderjährige neben dem Bedürfnis auf Schutz und Versorgung auch einen Anspruch auf Erziehung und Bildung haben. Zugleich galt es, die öffentliche Verantwortung für das Aufwachsen von Kindern und Jugendlichen (in Ergänzung und in Abgrenzung zur Verantwortung der Eltern) neu zu organisieren und das Verhältnis zu den freien Vereinigungen der Jugendwohlfahrt gesetzlich zu bestim-

---

12 In einigen Bundesländern trägt das Gesetz die Bezeichnung „Landesgesetz zur Ausführung des Kinder- und Jugendhilfegesetzes (AGKJHG)".

men. Mit dem Reichsjugendwohlfahrtsgesetz (RJWG) von 1922 wurde ein einheitliches Jugendhilferecht geschaffen, das in § 1 Abs. 1 das Spannungsverhältnis zwischen Elternrecht und Kindeswohl sowie die Verantwortung der öffentlichen Jugendpflege (des Jugendamts) auch im Verhältnis zur Tätigkeit (freier) Jugendverbände und Wohlfahrtsorganisationen beschrieb.

---

§ 1 Abs. 1 Reichsjugendwohlfahrtsgesetz (RJWG) von 1922

Jedes deutsche Kind hat ein Recht auf Erziehung zur leiblichen, seelischen und gesellschaftlichen Tüchtigkeit. Das Recht und die Pflicht der Eltern zur Erziehung werden durch dieses Gesetz nicht berührt. Gegen den Willen der Erziehungsberechtigten ist ein Eingreifen nur zulässig, wenn ein Gesetz es erlaubt. Insoweit der Anspruch des Kindes auf Erziehung von der Familie nicht erfüllt wird, tritt, unbeschadet der Mitarbeit freiwilliger Tätigkeit, öffentliche Jugendpflege ein.

„Jugendwohlfahrt" wurde als Oberbegriff für „Jugendpflege" und „Jugendfürsorge" verstanden.

- Der Begriff **Jugendpflege** ist veraltet und wird heute nur noch im Zusammenhang mit der Funktion des Jugendpflegers verwendet. Ansonsten spricht man von „Jugendarbeit" und meint damit Erziehungs-, Bildungs- und Freizeitangebote für junge Menschen. Zu den Erziehungs- und Bildungsangeboten zählte auch der Kindergarten.

- Unter dem Begriff **Jugendfürsorge** verstand man die individuelle Förderung für einzelne Kinder und Jugendliche durch erzieherische Hilfen, die insbesondere als Maßnahmen zur Abwehr von Gefahren für das Wohl der Kinder und weniger als Unterstützung oder Förderung der Erziehungskraft der Eltern eingesetzt wurden.

Eine der wichtigsten Errungenschaften des RJWG von 1922 war die verbindliche Einführung des Jugendamtes mit seiner Ausgestaltung als zweigliedrige Behörde (siehe Kap. 11.1, S. 109) unter Mitwirkung von „in der Jugendwohlfahrtspflege erfahrenen Männern und Frauen aller Bevölkerungskreise" als stimmberechtigte Mitglieder des Jugendwohlfahrtsausschusses.[13]

Jugendamt

---

13 Die Bezeichnung „Jugendhilfeausschuss" wurde erst mit der Reform durch das Kinder- und Jugendhilfegesetz (KJHG) 1990/91 eingeführt.

In der Nazizeit ging es nicht mehr um das Recht des Einzelnen auf Erziehung. Nach Änderung von § 1 RJWG wurde die „Erziehung der Jugend im nationalsozialistischen Staat" als „Erziehung zur deutschen Volksgemeinschaft" zum verbindlichen Ziel erklärt und die Mitwirkung freier Wohlfahrtsverbände weitestgehend unterbunden.

In der Bundesrepublik wurde 1953 das RJWG ohne die nationalsozialistischen Inhalte wieder in Kraft gesetzt und 1961 mit einigen Änderungen als Jugendwohlfahrtsgesetz (JWG) neu verkündet.

3.2 Die Reform des Kinder- und Jugendhilferechts

Das KJHG –
ein Artikelgesetz

Seit 1960 gab es zahlreiche Anläufe zu einer Neuordnung des Jugendhilferechts, die jedoch immer wieder meist aus finanziellen Gründen scheiterten. Das Gesetz zur Neuordnung des Kinder- und Jugendhilferechts (KJHG) von 1990/91 markiert den vorläufigen Abschluss dieser mehr als dreißig Jahre dauernden Diskussionen um eine Reform des Jugendhilferechts. Das KJHG ist ein sogenanntes Artikelgesetz, ein Gesetz, das mit Art. 1 das Sozialgesetzbuch, Achtes Buch (SGB VIII – Kinder- und Jugendhilfe) eingeführt und im Rahmen der Reform des Jugendhilferechts in weiteren Artikeln das BGB und andere Gesetze geändert hat.[14]

Teil des
Sozialgesetzbuchs

Das SGB VIII ist als Achtes Buch Teil des Sozialgesetzbuches, mit dem unterschiedliche Bereiche des Sozialrechts wie zum Beispiel die Grundsicherung für Arbeitssuchende (SGB II)[15], die Gesetzliche Krankenversicherung (SGB V), die Gesetzliche Rentenversicherung (SGB VI), die Gesetzliche Unfallversicherung (SGB VII), die Soziale Pflegeversicherung (SGB XI) und die Sozialhilfe (SGB XII) geregelt werden. Für alle Bereiche des Sozialgesetzbuches gelten – soweit die einzelnen Bücher keine Spezialregelungen enthalten – die Definitions- und Verfahrensvorschriften des SGB I – Allgemeiner Teil und die Vorschriften für das Verwaltungsverfahren und den Sozialdatenschutz des SGB X.

---

14 Die manchmal heute noch verwendete Bezeichnung KJHG für das Kinder- und Jugendhilfegesetz ist daher nicht mehr korrekt. Das Gesetz, das seit seinem Inkrafttreten zahlreiche Änderungen erfahren hat, sollte als geltendes Recht einheitlich als SGB VIII zitiert werden.

15 Ergebnis der sogenannten Hartz-IV-Reform

Die Einbindung des Kinder- und Jugendhilferechts in das Sozialgesetzbuch war bis zuletzt heftig umstritten, da sich Kinder- und Jugendhilfe als Bildungs- und Sozialisationsaufgabe von den übrigen Dienst-, Sach- und Geldleistungen des Sozialgesetzbuchs unterscheidet.[16] Inzwischen ist die Diskussion überwunden und das SGB VIII als modernes, präventiv ausgerichtetes Leistungsgesetz allgemein akzeptiert.

Während im Vordergrund des Jugendwohlfahrtsgesetzes behörd-　　*Vom Eingriff zur Leistung*
liche Schutz- und Eingriffsaufgaben und Aufgaben der Jugendfür-
sorge standen, war das Ziel der Reform des Jugendhilferechts nach dem Willen des Gesetzgebers die Ablösung eines eingriffs- und ordnungsrechtlichen Instrumentariums des JWG durch ein modernes, präventiv orientiertes Leistungsgesetz, das Eltern bei ihren Erziehungsaufgaben unterstützt und jungen Menschen das Hineinwachsen in die Gesellschaft erleichtert. Kinder und Jugendliche sowie ihre Eltern wurden nicht mehr als Objekte öffentlicher Fürsorge begriffen, sondern als Subjekte (Träger eigener Rechte) mit einklagbaren Rechtsansprüchen und Beteiligungsrechten.

Das SGB VIII enthält ein breites, an den unterschiedlichen Lebens- und Erziehungssituationen von Kindern, Jugendlichen und ihren Eltern orientiertes Leistungs- und Aufgabenspektrum. Neben allgemeinen Angeboten zur Förderung junger Menschen (§§ 11–14 SGB VIII) und der Förderung der Erziehung in der Familie (§ 16 SGB VIII) regelt das Gesetz auch Leistungen, die auf spezifische Lebenssituationen und Problemlagen zugeschnitten sind. Hierzu zählt die Jugendsozialarbeit mit ihren Hilfen zur schulischen und beruflichen Integration (§ 13), die Beratung von Eltern in Fragen der Partnerschaft, Trennung und Scheidung (§ 17 SGB VIII), die Beratung und Unterstützung bei der Ausübung der Personensorge (§ 18 SGB VIII), die Betreuung und Unterstützung für Mutter, Vater und Kinder in gemeinsamen Wohnformen (§ 19) sowie die Betreuung und Versorgung des Kindes in Notsituationen (§ 20 SGB VIII). Ein wichtiger und der sowohl personell als auch finanziell wohl bedeutsamste Teil der Kinder- und Jugendhilfe ist die Förderung von Kindern in Tageseinrichtungen (Kindergarten, Krippe, Hort) und in der Kindertagespflege.

Kernstück der Jugendhilfereform von 1990 sind die in den §§ 27–　　*Reform der Hilfen*
35 SGB VIII geregelten „Hilfen zur Erziehung". Für die Personen-　　*zur Erziehung*
sorgeberechtigten wurde ein Rechtsanspruch auf diese Leistun-
gen geschaffen, „wenn eine dem Wohl des Kindes entsprechende Erziehung nicht

---

16 § 11 Satz 2 SGB I macht daher deutlich, dass auch die persönliche und erzieherische Hilfe zu den Dienstleistungen gehört.

gewährleistet ist und die Hilfe für seine Entwicklung geeignet und notwendig ist" (§ 27 Abs. 1 SGB VIII). Im Vordergrund steht dabei der Aspekt der Hilfe für die Betroffenen zur Vermeidung eines Eingriffs in die Familie. Bevor Kinder in Heimen oder Pflegestellen untergebracht werden, sollte geprüft werden, ob für die Familien ambulante Hilfen wie Erziehungsberatung, sozialpädagogische Familienhilfe oder teilstationäre Hilfeformen in Betracht kommen. Die Hilfen zur Erziehung sind im Gesetz nicht abschließend, sondern nur beispielhaft aufgezählt, wobei sich der Gesetzgeber an den Hilfeformen orientiert hat, die sich in der bisherigen Praxis des JWG entwickelt und bewährt haben.

Die Hilfen werden bei entsprechendem Bedarf in der Regel bis zur Volljährigkeit gewährt. Allerdings besteht gem. § 41 auch die Möglichkeit, jungen Volljährigen Hilfen zur Persönlichkeitsentwicklung und zu einer eigenständigen Lebensführung zu gewähren.

Hilfeplan   Wichtig für die Gewährung von Hilfen zur Erziehung ist der durch das SGB VIII verbindlich vorgeschriebene Hilfeplan (§ 36). Die Entscheidung über Art, Umfang und Weitergewährung der Hilfe soll bei längerfristigen Maßnahmen im Zusammenwirken mehrerer Fachkräfte unter Einbeziehung der Personensorgeberechtigten und des Kindes oder Jugendlichen getroffen werden. In das Hilfeplanverfahren werden gegebenenfalls auch andere an der Hilfe Beteiligte einbezogen.

3.3 Aufbau und Struktur des SGB VIII – Kinder- und Jugendhilfe

Wie die meisten Gesetze setzt auch das SGB VIII an den Anfang allgemeine, für das ganze Gesetz geltende Vorschriften, mit denen die Zielrichtung des Gesetzes beschrieben wird und in denen Grundprinzipien aufgestellt und Begriffe definiert werden. Die Allgemeinen Vorschriften im ersten Kapitel des SGB VIII enthalten keine für sich durchsetzbaren Rechte, sie umschreiben jedoch die „Philosophie" des Gesetzes und sind bei der Auslegung der nachfolgenden Vorschriften ergänzend heranzuziehen. Bei den Aufgaben der Jugendhilfe unterscheidet das Gesetz zwischen Leistungen und anderen Aufgaben (§ 2 SGB VIII). Die in § 2 Abs. 2 SGB VIII aufgezählten Leistungen sind Sozialleistungen, die dem Bürger aufgrund eines Rechtsanspruchs oder einer Ermessensentscheidung gewährt werden. Bei den anderen Aufgaben (§ 2 Abs. 2 Nr. 2 SGB VIII) handelt es sich um unterschiedlich Aufgaben und Pflichten, die der öffentliche Träger in eigener Verantwortung

wahrnehmen muss und an denen freie Träger nur begrenzt be- | *Sozialpädagogische*
teiligt werden dürfen. | *Leistungen*

Das Leistungskapitel (§§ 11 bis 41 SGB VIII, siehe Kap. 5, S. 43 ff.) ist das Herzstück des Gesetzes und prägt seinen Charakter als Sozialleistungsrecht. Dabei sind die beschriebenen Leistungen jedoch keine klassischen Sozialleistungen (Dienst-, Sach- oder Geldleistungen), sondern Sozialisationsleistungen, an deren „Produktion" die Leistungsempfänger in besonderem Maße mitbeteiligt sind. Vor diesem Hintergrund ist die Aussage in § 11 SGB I zu verstehen, die verdeutlichen soll, dass die persönliche und erzieherische Hilfe zu den Dienstleistungen gehört.

Das dritte Kapitel fasst unter der Überschrift „Andere Aufgaben | *Wächteramt*
der Jugendhilfe" unterschiedliche Handlungsfelder zusammen, in denen der Staat nicht als sozialer Dienstleister tätig wird, sondern als Verantwortlicher für die Ausübung des Wächteramtes seine Autorität zeigt. Zwar gilt auch in diesem Bereich das Prinzip „Leistung vor Eingriff", das SGB VIII liefert aber – etwa bei den Vorschriften der §§ 45 ff. SGB VIII über den Schutz von Kindern in Einrichtungen – das notwendige ordnungsrechtliche Instrumentarium, wenn staatliche Eingriffe unausweichlich sind.

Die nachfolgenden Kapitel des SGB VIII enthalten Organisations- und Finanzierungsvorschriften sowie Rechtsgrundlagen für statistische Erhebungen und – klassischerweise am Schluss des Gesetzes – Straf- und Bußgeldvorschriften.

4 Grundprinzipien des Kinder- und Jugendhilferechts

Das Kinder- und Jugendhilferecht enthält einige wichtige Grundprinzipien, die in verschiedenen Paragrafen des SGB VIII, teilweise aber auch im Grundgesetz und im BGB verankert sind. Die einzelnen Vorschriften sollten allerdings nicht isoliert betrachtet werden, da sie oft in einem Spannungsverhältnis zueinander stehen. So können z. B. die Beteiligungsrechte des Kindes mit dem Elternrecht konkurrieren oder das Wunsch- und Wahlrecht der Leistungsberechtigten durch die Trägerautonomie begrenzt werden.

4.1 Erziehungsrecht der Eltern

Elterliche Sorge   Grundlage für das Erziehungsrecht der Eltern ist Art. 6 Abs. 2 GG (siehe Kap. 2.4, S. 21). Die in § 1 Abs. 2 SGB VIII wiederholte Vorschrift macht die Pflege und Erziehung des Kindes zum natürlichen Recht der Eltern, gleichzeitig aber auch zur zuvörderst (vorrangig) ihnen obliegenden Pflicht.

In § 1626 BGB wird der Inhalt der elterlichen Sorge noch einmal genauer definiert:

> **§ 1626 BGB — Elterliche Sorge, Grundsätze**
>
> (1) Die Eltern haben die Pflicht und das Recht, für das minderjährige Kind zu sorgen (elterliche Sorge). Die elterliche Sorge umfasst die Sorge für die Person des Kindes (Personensorge) und das Vermögen des Kindes (Vermögenssorge).
>
> (2) Bei der Pflege und Erziehung berücksichtigen die Eltern die wachsende Fähigkeit und das wachsende Bedürfnis des Kindes zu selbständigem verantwortungsbewusstem Handeln. Sie besprechen mit dem Kind, soweit es nach dessen Entwicklungsstand angezeigt ist, Fragen der elterlichen Sorge und streben Einvernehmen an. (...)

Die elterliche Sorge verbindet Rechte und Pflichten. Während im Grundgesetz von 1949 in Art. 6 Abs. 2 GG das Recht vor der Pflicht genannt wird, wurde bei der Gesetzesänderung von § 1626 BGB und anderer familienrechtlicher Vorschriften durch die Reform des Kindschaftsrechts von 1998[17] die Reihenfolge umgekehrt (erst die Pflicht, dann das Recht), um den Pflichtcharakter der elterlichen Sorge zu betonen.

Die Elternverantwortung verpflichtet beide Elternteile, die ihnen zugewiesenen Rechte zum Wohle des Kindes verantwortungsvoll auszuüben.

§ 1627 BGB — Ausübung der elterlichen Sorge

Die Eltern haben die elterliche Sorge in eigener Verantwortung und in gegenseitigem Einvernehmen zum Wohl des Kindes auszuüben. Bei Meinungsverschiedenheiten müssen sie versuchen, sich zu einigen.

§ 1631 BGB enthält eine genauere Bestimmung der Personensorge.

§ 1631 BGB — Inhalt und Grenzen der Personensorge

(1) Die Personensorge umfasst insbesondere die Pflicht und das Recht, das Kind zu pflegen, zu erziehen, zu beaufsichtigen und seinen Aufenthalt zu bestimmen.

(2) Kinder haben ein Recht auf gewaltfreie Erziehung. Körperliche Bestrafungen, seelische Verletzungen und andere entwürdigende Maßnahmen sind unzulässig.

Für die Arbeit in Kindertagesstätten ist diese Vorschrift zur Personensorge in zweierlei Hinsicht bedeutsam:

- § 1631 Abs. 1 BGB begründet die Aufsichtspflicht, die von den Eltern für die Dauer des Aufenthalts ihres Kindes in der Kindertagesstätte in der Regel durch einen Betreuungsvertrag auf den Träger der Einrichtung delegiert wird.

---

17 Vgl. hierzu die Stellungnahme der Arbeitsgemeinschaft für Jugendhilfe http://www.agj.de/ Archiv.88.0.html?&print=1&no_cache=1

- **§ 1631 Abs. 2 BGB** begründet das Recht des Kindes auf gewaltfreie Erziehung, das auch den Schutz vor seelischen Verletzungen und anderen entwürdigenden Maßnahmen einschließt. Die Ächtung der Gewalt gehört damit auch zum verbindlichen Leitbild der Erziehung in einer Tageseinrichtung für Kinder.

Recht des Kindes

Das SGB VIII enthält wichtige Vorschriften, die das Elternrecht konkretisieren. Ausgangspunkt ist dabei das Recht des Kindes auf Förderung seiner Entwicklung und auf Erziehung zu einer eigenverantwortlichen und gemeinschaftsfähigen Persönlichkeit (§ 1 Abs. 1 SGB VIII). Das Elternrecht, das zugleich auch Pflichten gegenüber dem Kind begründet, wird durch die wortgleiche Übernahme von Art. 6 Abs. 2 GG in § 1 Abs. 2 SGB VIII in seiner Bedeutung hervorgehoben.

Unterstützungsauftrag der Jugendhilfe

Zur Verwirklichung des Rechts soll die Jugendhilfe — und das gilt für öffentliche und freie Träger, Eltern und andere Erziehungsberechtigte — bei der Erziehung beraten und unterstützen (§ 1 Abs. 2 Nr. 2 SGB VIII). Bei der Ausgestaltung der Leistungen und der Erfüllung der Aufgaben sind gem. § 9 Ziff. 1 SGB VIII die von den Personensorgeberechtigten bestimmte Grundrichtung der Erziehung sowie die Rechte der Personensorgeberechtigten bei der Bestimmung der religiösen Erziehung zu beachten. Ergänzend hierzu stärkt das Wunsch- und Wahlrecht (§ 5 SGB VIII) die Rechtsposition der Eltern bei der Suche nach Leistungen der Jugendhilfe, zum Beispiel bei der Auswahl einer ihren Erziehungsvorstellungen entsprechenden Tageseinrichtung für Kinder.

Für den Bereich der Förderung von Kindern in Tageseinrichtungen und in Kindertagespflege ist in § 22 Abs. 2 Nr. 1 SGB VIII festgelegt, dass sie die Erziehung und Bildung in der Familie unterstützen und ergänzen soll. Ferner soll sichergestellt werden, dass Fachkräfte in den Einrichtungen mit den Erziehungsberechtigten zum Wohl des Kindes und zur Sicherung der Kontinuität des Erziehungsprozesses zusammenarbeiten (§ 22a Abs. 2 Nr. 2 SGB VIII). Bei der Kindertagespflege gehört die Kooperationsbereitschaft mit Erziehungsberechtigten zu den Eignungskriterien, von denen die Erteilung der Tagespflegeerlaubnis abhängig gemacht wird (§§ 23 Abs. 2, 43 Abs. 2 Nr. 1 SGB VIII).

Nach § 22 Abs. 2 Nr. 3 SGB VIII soll Eltern dabei geholfen werden, Erwerbstätigkeit und Kindererziehung besser miteinander vereinbaren zu können. Der gleiche Gedanke findet sich in den Vergabekriterien für Plätze für Kinder vor Vollendung des ersten Lebensjahres in § 24 Abs. 1 Nr. 2 SGB VIII.

Bei der Förderung in Tageseinrichtungen sind die Erziehungsberechtigten gem. § 22a Abs. 2 Satz 2 SGB VIII an wesentlichen Angelegenheiten der Erziehung, Bildung und Betreuung zu beteiligen. Das Angebot von Tageseinrichtungen für Kinder soll sich gem. § 22a Abs. 4 SGB VIII pädagogisch und organisatorisch an den Bedürfnissen der Kinder und ihrer Familien orientieren. Hierzu gehört auch, dass vom Jugendamt bei Schließung von Einrichtungen in den Ferienzeiten für Erziehungsberechtigte nach Bedarf anderweitige Betreuungsmöglichkeiten sichergestellt werden müssen.

Nur für Geimpfte?

Der Träger eines Kindergartens hat beschlossen, nur noch Kinder aufzunehmen, die nachweislich gegen Diphtherie, Hepatitis B, Keuchhusten, Kinderlähmung und Wundstarrkrampf geimpft sind. Eine Familie möchte ihr Kind in dem Kindergarten anmelden, ist aber grundsätzlich dagegen, ihre Kinder impfen zu lassen. Da es in erreichbarer Nähe keinen anderen Kindergarten gibt, bestehen die Eltern darauf, dass ihr dreijähriger Sohn in dem Kindergarten ihrer Wahl aufgenommen wird. Welche rechtlichen Argumente können Eltern, Träger und Jugendamt vorbringen?

Rechtliche Überlegungen

Die **Eltern** können sich auf ihr Elternrecht (§ 1 Abs. 2 SGB VIII, Art. 6 Abs. 2 Grundgesetz) berufen. Die Jugendhilfe muss sie dabei unterstützen (§ 1 Abs. 3 SGB VIII), die von den Personensorgeberechtigten bestimmte Grundrichtung der Erziehung sowie ihre Rechte beachten (§ 9 Nr. 1 SGB VIII) und ihr Angebot an den Bedürfnissen der Familie orientieren (§ 22a Abs. 3 SGB VIII). Kinder dürfen nicht ausgegrenzt werden, wenn sie nicht geimpft sind. Da es keine gesetzliche Impfpflicht gibt, darf diese nicht indirekt durch den Ausschluss nicht geimpfter Kinder durchgesetzt werden (siehe Kap. 9.2, S. 87).

Der **Träger** kann auf das Infektionsrisiko und auf seine Verantwortung gegenüber den anderen Kindern und gegenüber seinem Personal verweisen. Er kann sich auf seine Trägerautonomie (§ 4 Abs. 1 Satz 2 SGB VIII) berufen und darauf verweisen, dass er nicht verpflichtet ist, Kinder aufzunehmen, da sich der Rechtsanspruch gegen den Träger des Jugendamtes richtet (sozialrechtliches Dreiecksverhältnis).

Das **Jugendamt** kann darauf hinweisen, dass es verpflichtet ist, auch nicht geimpften Kindern einen wohnortnahen Kita-Platz zu verschaffen. Es muss dafür sorgen, dass in die Bedarfsplanung auch Kindertagesstätten aufgenommen werden, deren Träger bereit sind, nicht geimpfte Kinder zuzulassen.

Fazit: Die Eltern haben keinen Anspruch gegen den Träger. Sie müssen sich an das Jugendamt wenden. Dieses hat die Verpflichtung, den Leistungsberechtigten einen geeigneten Platz anzubieten. Das Jugendamt hat keine Handhabe, um den Träger zu zwingen, die nicht geimpften Kinder in seiner Einrichtung aufzunehmen. Es muss jedoch im Rahmen der Bedarfsplanung dafür sorgen, dass es Träger gibt, die bereit sind, auch nicht geimpfte Kinder aufzunehmen.

Mit der am 25. Juli 2017 in Kraft getretenen Änderung des Infektionsschutzgesetzes müssen Personensorgeberechtigte bei der Erstaufnahme in eine Kindertageseinrichtung einen schriftlichen Nachweis darüber erbringen, dass zeitnah vor der Aufnahme eine ärztliche Beratung über einen ausreichenden Impfschutz des Kindes erfolgt ist (§ 34 Abs. 10a IfSG). Der Nachweis kann durch die ärztliche Bestätigung der Teilnahme an den altersgemäßen U-Untersuchungen erfolgen. Bei fehlendem Nachweis muss die Kita-Leitung das Gesundheitsamt benachrichtigen.

4.2 Beteiligung von Kindern

Minderjährige werden rechtlich von ihren Eltern vertreten. Sie genießen jedoch als Rechtssubjekte (Träger eigener Rechte) die Grundrechte, also auch das Recht auf freie Entfaltung der Persönlichkeit (Art. 2 Abs. 1 GG) und das Recht der freien Meinungsäußerung (Art. 5 Abs. 1 GG). Nach Art. 12 UN-KRK wird dem Kind, das fähig ist, sich eine eigene Meinung zu bilden, das Recht zugesichert, diese Meinung in allen das Kind berührenden Angelegenheiten frei zu äußern. Die Meinung des Kindes ist angemessen und entsprechend seinem Alter und seiner Reife zu berücksichtigen. Gem. § 8 Abs. 1 SGB VIII sind Kinder und Jugendliche entsprechend ihrem Entwicklungsstand an allen sie betreffenden Entscheidungen der öffentlichen Jugendhilfe zu beteiligen. Sie haben das Recht, sich in allen Angelegenheiten der Erziehung und Entwicklung an das Jugendamt zu wenden (§ 8 Abs. 2 SGB VIII). Die Beteiligungs- und Anhörungsrechte des SGB VIII sind nicht auf eine bestimmte Altersstufe begrenzt, sondern gelten für Kinder im Alter unter 14 Jahre und Jugendliche bis zur Volljährigkeit mit 18 Jahren (vgl. § 7 Abs. 1 Nr. 1 SGB VIII). In § 9 Nr. 2 SGB VIII ist festgelegt, dass bei der Ausgestaltung der Leistungen die wachsende Fähigkeit und das wachsende Bedürfnis des Kindes oder des Jugendlichen zu selbständigem, verantwortungsbewusstem Handeln zu berücksichtigen ist.[18]

Freie Meinungsäußerung, Anhörungsrechte

Besondere Formen der Beteiligung von Kindern in Kindertageseinrichtungen sieht das SGB VIII nicht vor. Allerdings regelt § 45 Abs. 2 Nr. 3 SGB VIII für die Erteilung der notwendigen Betriebserlaubnis, dass zur Sicherung der Rechte von Kindern und Jugendlichen in der Einrichtung geeignete Verfahren der Beteiligung sowie der Beschwerde in persönlichen Angelegenheiten Anwendung finden. Auf den ersten Blick mag dies eher für die Einrichtungen der stationären Hilfen zur Erziehung (Heime, Erziehungsstellen) gelten. Jedoch gilt § 45 SGB VIII für alle erlaubnispflichtigen Einrichtungen, also auch für Tageseinrichtungen für Kinder, und die Vorschrift[19] bezieht sich nicht nur auf Jugendliche, sondern auch auf Kinder. Es ist daher notwendig, dass auch Tageseinrichtungen für Kinder in ihrer Konzeption und der Umsetzung in die pädagogische Praxis alters- und entwicklungsgemäße Partizipationsformen für die Kinder entwickeln. Entsprechende Anregungen finden sich in dem Papier der Bundesarbeitsgemeinschaft der Landesjugendämter vom April

Partizipation, Beschwerdemanagement

---

18 Siehe hierzu auch die entsprechende Verpflichtung der Eltern gem. § 1626 Abs. 2 BGB.

19 § 45 Abs. 2 Nr. 3 wurde erst durch das Bundeskinderschutzgesetz 2012 in das SGB VIII eingefügt. Es wird daher noch etwas dauern, bis die darin enthaltenen Forderungen in die Praxis umgesetzt werden.

2013 „Sicherung der Rechte von Kindern als Qualitätsmerkmal von Kindertageseinrichtungen.[20]

4.3 Wunsch- und Wahlrecht

Das Wunsch- und Wahlrecht als wichtiges Prinzip der Kinder- und Jugendhilfe ist verankert in § 5 SGB VIII.

> ### § 5 SGB VIII — Wunsch- und Wahlrecht
>
> (1) Die Leistungsberechtigten haben das Recht, zwischen Einrichtungen und Diensten verschiedener Träger zu wählen und Wünsche hinsichtlich der Gestaltung der Hilfe zu äußern. Sie sind auf dieses Recht hinzuweisen.
>
> (2) Der Wahl und den Wünschen soll entsprochen werden, sofern dies nicht mit unverhältnismäßigen Mehrkosten verbunden ist. (...)

Das Wunsch- und Wahlrecht bedeutet im Kontext der Kindertagesbetreuung, dass den Wünschen der Eltern möglichst Rechnung getragen werden muss. Kriterien sind u. a.

- die bevorzugte Pädagogik,
- die Art und Ausgestaltung der Plätze,
- Lage und Umfang der benötigten Betreuungszeiten,
- die bevorzugte Einrichtung.

Planungsverpflichtung Das Wunsch- und Wahlrecht besteht gegenüber dem leistungsverpflichteten (örtlichen) Jugendamt[21], kann also gegenüber der Einrichtung nicht geltend gemacht werden. Vorrangige praktische Bedeutung hat das Wunsch- und Wahlrecht nicht nur bei der Wahl der Einrichtung, sondern auch für die Bedarfsplanung. Gem. § 80 Abs. 1 SGB VIII haben die Träger der öffentlichen Jugendhilfe im Rahmen ihrer Planungsverantwortung den Bedarf unter Berück-

---

20 www.bagljae.de/downloads/114_sicherung-der-rechte-von-kindern-in-kitas.pdf
21 Genauer noch ist der Träger des Jugendamtes, also der Kreis, die kreisfreie Stadt oder die kreisangehörige Stadt mit eigenem Jugendamt der Adressat (vgl. § 3 Abs.2 S.1 in Verbindung mit § 69 SGB VIII).

sichtigung der Wünsche, Bedürfnisse und Interessen der jungen Menschen und der Personensorgeberechtigten zu ermitteln und die zur Befriedigung des Bedarfs notwendigen Vorhaben rechtzeitig und ausreichend zu planen. Voraussetzung ist eine Vielfalt von Trägern unterschiedlicher Wertorientierungen und die Vielfalt von Inhalten, Methoden und Arbeitsformen[22], die es ermöglichen, dass die Wünsche und Bedürfnisse der Personensorgeberechtigten realisiert werden können. Der Planungsträger muss zwar nicht Einrichtungen aller Konfessionen und pädagogischen Ausrichtungen vorhalten, das Angebot darf aber nicht einseitig sein und muss dem Entscheidungsverhalten der Eltern Rechnung tragen. Das Jugendamt (Verwaltung und Jugendhilfeausschuss) muss in seiner Prognoseentscheidung berücksichtigen, welche Einrichtungen nach dem bisherigen Auswahlverhalten der Eltern erforderlich sind und wie sich der Bedarf in Zukunft entwickeln wird. Problematisch wird dies, wenn der Kindergarten der Wahl außerhalb des Einzugsbereichs der Wohnsitzgemeinde oder gar des Kreises oder der kreisfreien Stadt liegt, die zur Leistung verpflichtet ist. Hier kann das Wahlverhalten der Eltern einen Anspruch des Trägers auf Förderung gem. §§ 74, 74a SGB VIII in Verbindung mit dem jeweiligen Landesrecht auslösen.

Das Wunsch- und Wahlrecht findet seine Grenze in der Finanzierbarkeit. Gem. § 5 Abs. 2 SGB VIII soll der Wahl und den Wünschen entsprochen werden, sofern dies nicht mit unverhältnismäßigen Mehrkosten verbunden ist. Wenn das Gesetz von „unverhältnismäßigen Mehrkosten" spricht, kann davon ausgegangen werden, dass Mehrkosten, die sich im Rahmen halten, hinzunehmen sind. Was im Einzelfall „unverhältnismäßige Mehrkosten" sind und welche finanziellen Belastungen dem örtlichen Träger zuzumuten sind, muss im Zweifel das Gericht entscheiden.

Finanzierbarkeitsvorbehalt

22 Vgl. § 3 Abs. 1 SGB VIII

Die Qual der Wahl

Eine Familie hat für ihren einjährigen Sohn eine geeignete Tagespflegeperson gefunden, die über eine Tagespflegeerlaubnis verfügt und noch einen Platz frei hat. Das zuständige Jugendamt möchte den Rechtsanspruch des Kindes erfüllen, verweist jedoch darauf, dass in der wohnortnahen Kindertagesstätte ein geeigneter Krippenplatz frei sei. Demgegenüber würde die Betreuung des Kindes in Kindertagespflege wegen der laufenden Geldleistung an die Tagespflegeperson für das Jugendamt zu unverhältnismäßigen Mehrkosten führen, da der Platz in der Einrichtung zur Verfügung stehe und quasi schon finanziert sei.

Rechtliche Überlegungen

Der Rechtsanspruch für Kinder ab Vollendung des ersten Lebensjahres aus § 24 Abs. 2 SGB VIII bezieht sich auf frühkindliche Förderung in einer Tageseinrichtung oder in Kindertagespflege (vgl. Kap. 7.4). Die Alternativstellung zwischen Kindertagesbetreuung und einem Platz in einer Tageseinrichtung für Kinder gibt daher den Personensorgeberechtigten gem. § 5 Abs. 1 SGB VIII ein Wahlrecht hinsichtlich des von ihnen bevorzugten Angebots. Einrichtung und Kindertagespflege sind gleichrangige, aber nicht wesensgleiche Angebote der Jugendhilfe. Während bei der Kindertagespflege die familienähnliche Situation, die individuelle Betreuungsleistung der Tagespflegeperson und der damit verbundene Bindungsaspekt eine wesentliche Rolle auch bei dem Entscheidungsverhalten der Eltern spielt, ist bei der Betreuung in Tageseinrichtungen für Kinder die Förderung in Gruppen unabhängig vom Wechsel der Bezugspersonen und als Leistung eines verantwortlichen Trägers zu sehen.

Wenn Eltern für die Erfüllung ihres Anspruchs die Kindertagespflege wählen, können sie vom leistungsverpflichteten Jugendamt nicht auf vorhandene offene Plätze in einer Tageseinrichtung für Kinder verwiesen werden – oder umgekehrt. Da es sich bei Kindertagespflege und Tageseinrichtung um unterschiedliche, nicht austauschbare Angebote handelt, spielt die Frage eventueller unverhältnismäßiger Mehrkosten der einen oder anderen Betreuungsform keine Rolle. Grenzen des Wahlrechts bestehen jedoch dann, wenn keine Plätze in der gewünschten Betreuungsform (mehr) vorhanden oder verfügbar sind.

4.4 Einmischungsauftrag

Eines der Leitziele der Kinder- und Jugendhilfe ist es, dass sie über ihren eigenen Bereich hinaus eine Lobbyfunktion für Kinder und Jugendliche und ihre Familien einnimmt. Die Jugendhilfe ist darauf angewiesen, dass die von anderen Politikbereichen bestimmten Rahmenbedingungen dazu geeignet sind, den Schutz von Kindern und Jugendlichen zu gewährleisten und das Aufwachsen junger Menschen zu fördern. Gem. § 1 Abs. 3 Nr. 4 SGB VIII soll die Jugendhilfe dazu beitragen, positive Lebensbedingungen für junge Menschen und ihre Familien sowie eine kinder- und familienfreundliche Umwelt zu erhalten oder zu schaffen. Dieser „Einmischungsauftrag" der Jugendhilfe geht zunächst an die Träger der öffentlichen Jugendhilfe, das heißt an die Jugendämter, die Landesjugendämter und die für die Kinder- und Jugendhilfe zuständigen Ministerien. Diese sollen als Sensoren für die Lebenslagen, Bedürfnisse und Probleme junger Menschen ihre Erkenntnisse artikulieren und auch in anderen Politikfeldern mit den dort zuständigen öffentlichen Stellen und Einrichtungen zusammenarbeiten und Konsequenzen einfordern. Der Einmischungsauftrag geht jedoch allgemein an die Jugendhilfe, also auch an die freien Träger und die Verantwortungsträger in den Einrichtungen. Für Kindertagesstätten kann die Lobbyfunktion im Kommunalbereich z. B. durch Einflussnahme auf die Verkehrsplanung (sicherer Weg zum Kindergarten) und die Planung von Spielplätzen, die Mitarbeit in Netzwerken gegen Gewalt oder Aktionen gegen Fluglärm wahrgenommen werden. Mit § 1 Abs. 3 Nr. 4 SGB VIII ist das Argument widerlegt, dies sei keine Aufgabe der Kita.

Positive Lebensbedingungen für junge Menschen

4.5 Trägerautonomie

Die Jugendhilfe ist gekennzeichnet durch die Vielfalt von Trägern unterschiedlicher Wertorientierungen und die Vielfalt von Inhalten, Methoden und Arbeitsformen (§ 3 Abs. 1 SGB VIII). Die Leistungen der Jugendhilfe werden von Trägern der freien Jugendhilfe und Trägern der öffentlichen Jugendhilfe erbracht (§ 3 Abs. 2 Satz 1 SGB VIII).

Trägervielfalt

Das SGB VIII weist den freien Trägern eine bedeutsame Rolle zu. Die Regelung in § 3 Abs. 2 SGB VIII bestimmt, dass Leistungen der Jugendhilfe von Trägern der freien Jugendhilfe und von Trägern der öffentlichen Jugendhilfe erbracht werden. Dies bedeutet, dass freie Träger ein eigenes Betätigungsrecht haben und ihre Leistungen nicht von einem Auf-

Öffentliche und freie Träger

trag des öffentlichen Trägers ableiten. Für die Zusammenarbeit von öffentlicher und freier Jugendhilfe gilt der Grundsatz in § 4 Abs. 1 SGB VIII.

---

§ 4 Abs. 1 SGB VIII — Zusammenarbeit der öffentlichen Jugendhilfe mit der freien Jugendhilfe

(1) Die öffentliche Jugendhilfe soll mit der freien Jugendhilfe zum Wohl junger Menschen und ihrer Familien partnerschaftlich zusammenarbeiten. Sie hat dabei die Selbständigkeit der freien Jugendhilfe in Zielsetzung und Durchführung ihrer Aufgaben sowie in der Gestaltung ihrer Organisationsstruktur zu achten. (...)

Trägerautonomie   Freie Träger dürfen sich also frei von staatlicher Beeinflussung betätigen. Unzulässig wäre es aber auch, wenn ein freier Träger vor anderen bevorzugt würde.

Zu den wichtigsten Trägern der freien Jugendhilfe gehören die **Wohlfahrtsverbände**:

- Caritas
- Diakonisches Werk
- Paritätischer Wohlfahrtsverband
- Arbeiterwohlfahrt
- Deutsches Rotes Kreuz
- Zentralwohlfahrtsstelle der Juden in Deutschland

Abb. 2: Die Wohlfahrtsverbände in Deutschland

Als anerkannte Träger der freien Jugendhilfe gelten auch die Kirchen und Religionsgemeinschaften des öffentlichen Rechts (§ 75 Abs. 3 SGB VIII). Die für die Betreuung von Menschen mit Behinderung aktive Lebenshilfe sowie die meisten als Träger von Kindertagesstätten tätigen Eltern- und Trägervereine sind als Mitglied des Paritätischen Wohlfahrtsverbandes (anerkannte) Träger der freien Jugendhilfe.

4.6 Vorrang für freie Träger

§ 4 Abs. 2 SGB VIII bestimmt einen Vorrang für freie Träger.

§ 4 Abs. 2 SGB VIII

Soweit geeignete Einrichtungen, Dienste und Veranstaltungen von anerkannten Trägern der freien Jugendhilfe betrieben werden oder rechtzeitig geschaffen werden können, soll die öffentliche Jugendhilfe von eigenen Maßnahmen absehen.

Historische Wurzel für diese Vorschrift ist das Subsidiaritätsprinzip, das seine Quelle in der katholischen Soziallehre hat. Dort wird die Forderung aufgestellt, dass das, was das Individuum aus eigener Initiative und mit seinen eigenen Kräften leisten kann, diesem nicht entzogen und der Gesellschaftstätigkeit, d. h. dem Staat, zugewiesen werden darf. Die Tätigkeit privater Organisationen soll Vorrang vor staatlichen Aktivitäten haben. Im Bereich der Wohlfahrtspflege haben sich insbesondere auf Initiative der Kirchen Verbände und Sozialeinrichtungen gebildet, die für sich ein eigenständiges Betätigungsrecht reklamierten und den Staat in der Rolle des (insbesondere finanziell) Unterstützenden sahen. Dagegen stand die Auffassung, dass der Staat in der Wohlfahrtspflege Verantwortung übernehmen und eine gestaltende Funktion behalten muss, statt sich in die Rolle eines bloßen „Zahlvaters" drängen zu lassen.

Subsidiarität

Das Subsidiaritätsprinzip steht so in einem Spannungsverhältnis zu der in § 79 Abs. 1 SGB VIII festgeschriebenen Gesamtverantwortung des Jugendamtes einschließlich der Planungsverantwortung des öffentlichen Trägers. § 4 Abs. 2 SGB VIII gibt daher keinen absoluten Vorrang für freie Träger, sondern bekräftigt den relativen Vorrang im Sinne einer institutionellen Subsidiarität und eines Funktionsschutzes für freie Träger. Beim Betrieb neuer Kindertagesstätten würden Kommunen wegen ihrer finanziellen

Relativer Vorrang für freie Träger

Lage heute den freien Trägern gerne den Vortritt lassen. Da aber die Kirchen und Wohlfahrtsverbände selber sparen müssen, geht es heute eher darum, dass das Land und die Städte und Gemeinden den freien Trägern finanzielle Anreize bieten müssen, damit sie sich als Träger zur Verfügung stellen. Insoweit hat § 4 Abs. 2 SGB VIII für die Kindertagesbetreuung an Bedeutung verloren.

4.7 | Gesamtverantwortung der öffentlichen Jugendhilfe

Für die ausreichende Versorgung mit Kindertagesstätten hat der örtliche Träger der öffentlichen Jugendhilfe/das Jugendamt[23] gem. § 79 Abs. 1 SGB VIII die Gesamtverantwortung einschließlich der Planungsverantwortung. Der überörtliche Träger (Landesjugendamt) hat gem. § 85 Abs. 2 Nr. 6 SGB VIII in Verbindung mit § 45 SGB VIII die Verantwortung für den Schutz von Kindern in Einrichtungen. Das gem. § 3 Abs. 2 Satz 2 SGB VIII für die Erfüllung von Leistungen zuständige Jugendamt ist damit auch für die Finanzierung der Leistung zuständig.

Gewährleistungspflicht des Jugendamts | Auch wenn das Land an der Finanzierung von Kindertagesstätten beteiligt ist, richten sich die Ansprüche des Trägers auf Finanzierung (§§ 74, 74a) nur gegen den örtlichen Träger der öffentlichen Jugendhilfe. Das Jugendamt hat gem. § 79 Abs. 2 Nr. 1 SGB VIII zu gewährleisten, dass die erforderlichen und geeigneten Einrichtungen den verschiedenen Grundrichtungen der Erziehung entsprechend rechtzeitig und ausreichend zur Verfügung stehen. Bei der Bedarfsplanung soll der örtliche Träger gem. § 80 Abs. 1 Nr. 3 SGB VIII Vorsorge treffen, dass auch unvorhergesehener Bedarf befriedigt werden kann.

---

23 Der Kreis, die kreisfreie Stadt bzw. die kreisangehörige Stadt mit eigenem Jugendamt ist als Träger des Jugendamtes örtlicher Träger der öffentlichen Jugendhilfe.

Die im zweiten Kapitel des SGB VIII beschriebenen Leistungen der Jugendhilfe (§§ 11–41 SGB VIII) enthalten Regelungen mit unterschiedlichem Verbindlichkeitsgrad:

- gesetzliche Aufgabenzuweisungen,
- allgemeine Leistungsverpflichtungen und
- einklagbare Rechte des Einzelnen.

Adressaten der Vorschriften und damit leistungsverpflichtet sind gem. § 3 Abs. 2 Satz 2 SGB VIII die Träger der öffentlichen Jugendhilfe. In der Regel ist das die kommunale Gebietskörperschaft als Träger des örtlich zuständigen Jugendamtes. Dieses hat durch Planung und Bereitstellung finanzieller Mittel im Haushalt als Pflichtaufgabe der kommunalen Selbstverwaltung die notwendigen Einrichtungen und Dienste selbst vorzuhalten oder durch andere (freie oder kommunale) Träger vorhalten zu lassen. Soweit das Gesetz individuelle Rechtsansprüche vorsieht, zum Beispiel bei den Hilfen zur Erziehung (§ 27 SGB VIII) oder beim Krippenplatz (§ 24 Abs. 2 SGB VIII) sowie beim Kindergartenplatz (§ 24 Abs. 3 SGB VIII), sind diese beim Jugendamt des örtlichen Trägers geltend zu machen.

Adressaten der Leistungsverpflichtung

5.1 Leistungen der Jugendhilfe zur Stärkung der Erziehungsverantwortung

Zielrichtung des SGB VIII ist es, mit präventiven Angeboten zur Stärkung der elterlichen Erziehungsverantwortung und damit auch zur Förderung der Entwicklung des Kindes oder Jugendlichen beizutragen. Hierzu gehören:

- **Angebote des erzieherischen Kinder- und Jugendschutzes** (§ 14 SGB VIII), die sich mit ihren Maßnahmen nicht nur direkt an junge Menschen (vorwiegend Jugendliche) richtet, sondern auch Eltern und Erziehungsberechtigte besser befähigen soll, Kinder und Jugendliche vor gefährdenden Einflüssen zu schützen,

- **Angebote der allgemeinen Förderung der Erziehung in der Familie** (§ 16 SGB VIII), die dazu beitragen sollen, dass die Erziehungsberechtigten ihre Erziehungsverantwortung besser wahrnehmen können und auch Wege zur gewaltfreien Lösung von Konfliktsituationen in der Familie aufzeigen sollen. Hierzu zählen:
  - Angebote der Familienbildung (§ 16 Abs. 2 Nr. 1 SGB VIII) mit Elternkursen zu Erziehungsthemen und Eltern-Kind-Gruppen. Hier bestehen vielfältige Möglichkeiten der Zusammenarbeit mit Tageseinrichtungen für Kinder,
  - Angebote der Beratung in allgemeinen Fragen der Erziehung (§ 16 Abs. 2 Nr. 2 SGB VIII), die sich vor allem an Eltern richten, die sich nicht mit einem gezielten Beratungsanliegen in einer Erziehungsberatungsstelle anmelden. Hierzu zählt auch die Mitgestaltung von Elternabenden in Kindertagesstätten,
  - Freizeit- und Erholungsangebote für Familien (§ 16 Abs. 2 Nr. 3 SGB VIII) insbesondere in belastenden Familiensituationen, die bei Bedarf auch die Betreuung der Kinder einschließen,
  - Allgemeine Beratungsangebote für Eltern, schwangere Frauen und werdende Väter (§ 16 Abs. 3 SGB VIII) zu Fragen der Partnerschaft und des Aufbaus elterlicher Erziehungs- und Beziehungskompetenzen,

- **Rechtsanspruch auf Beratung** in Fragen der Partnerschaft, Trennung und Scheidung (§ 17 SGB VIII) mit dem Ziel, die Eltern bei der Wahrnehmung der Elternverantwortung zu unterstützen und die Trennungsfolgen, z. B. durch die Entwicklung eines einvernehmlichen Konzepts für die Wahrnehmung der elterlichen Sorge, für die Kinder oder Jugendlichen so wenig belastend wie möglich zu halten,

- **Rechtsanspruch auf Beratung und Unterstützung** bei der Ausübung der Personensorge und des Umgangsrechts (§ 18 SGB VIII), die sich insbesondere an alleinerziehende Elternteile und Eltern richten und die Unterstützung bei der Geltendmachung von Unterhaltsansprüchen und bei der Vaterschaftsfeststellung mit einschließen.

5.2   Hilfen zur Erziehung

Das SGB VIII listet unter der Überschrift „Hilfen zur Erziehung" (§§ 27–41 SGB VIII) höchst unterschiedliche Leistungen der Einzelfallhilfe für Kinder und

Jugendliche und deren Personensorgeberechtigten auf, die von niedrigschwelligen Angeboten der Erziehungsberatung bis zur vollstationären Heimunterbringung reichen.

Die Personensorgeberechtigten haben gem. § 27 Abs. 1 SGB VIII einen Rechtsanspruch auf Hilfe zur Erziehung, wenn eine dem Wohl des Kindes entsprechende Erziehung nicht gewährleistet ist

Rechtsanspruch auf Hilfen zur Erziehung

und die Hilfe für seine Entwicklung geeignet und notwendig ist. Im Vordergrund steht dabei der Aspekt der Hilfe für die Betroffenen zur Vermeidung eines Eingriffs in die Familie. Die Hilfen zur Erziehung sind im Gesetz nicht abschließend, sondern nur beispielhaft aufgezählt, wobei sich der Gesetzgeber an den Hilfeformen orientiert hat, die sich in der bisherigen Praxis des JWG entwickelt und bewährt haben. Es sind dies:

- **Erziehungsberatung** gem. § 28 SGB VIII, ein Angebot für Kinder, Jugendliche und Eltern zur Klärung individueller und familienbezogener Probleme und zur Unterstützung bei der Lösung von Erziehungsfragen. Die Beratungsstellen bieten häufig auch Leistungen zur Förderung der Erziehung in der Familie gem. §§ 16 ff. SGB VIII an,

- **Soziale Gruppenarbeit** gem. § 29 SGB VIII für ältere Kinder und Jugendliche als Hilfe zur Überwindung von Entwicklungsschwierigkeiten und Verhaltensproblemen durch soziales Lernen in der Gruppe,

- **Erziehungsbeistandschaft**, Betreuungshelfer gem. § 30 SGB VIII als Unterstützungsangebot für Kinder und Jugendliche bei der Bewältigung von Entwicklungsproblemen und zur Verselbständigung möglichst unter Einbeziehung des sozialen Umfelds und unter Erhaltung des Lebensbezugs zur Familie,

- **Sozialpädagogische Familienhilfe** § 31 SGB VIII (SPFH), ein in der Regel auf längere Dauer angelegtes Angebot individueller Unterstützung und Hilfe für Familien in Belastungssituationen als Hilfe zur Selbsthilfe,

- **Erziehung in einer Tagesgruppe** gem. § 32 SGB VIII, ein familienergänzendes hortähnliches Angebot zur Förderung von Schulkindern aus besonders problembelasteten Familien, das (oft als Alternative zur Erziehung in einem Heim oder in einer Pflegefamilie) den Verbleib des Kindes in seiner Familie sichern soll,

- **Vollzeitpflege** gem. § 33 SGB VIII als zeitlich befristete Erziehungshilfe außerhalb der Ursprungsfamilie in einer Pflegefamilie (oft auch als Alternative zur Heimerziehung),

- **Heimerziehung**, sonstige betreute Wohnform gem. § 34 SGB VIII, die Erziehung in einer Tag- und Nachteinrichtung, einer sozialtherapeutischen Wohngemeinschaft oder in einer sozialpädagogisch betreuten Wohngruppe mit dem Ziel, eine Rückkehr in die Herkunftsfamilie zu ermöglichen, die Erziehung in einer Pflegefamilie vorzubereiten oder eine auf längere Zeit angelegte Lebensform zu bieten und auf ein selbständiges Leben vorzubereiten,

- **Intensive sozialpädagogische Einzelbetreuung** gem. § 35 SGB VIII als Hilfe und Förderung von Jugendlichen, deren Entwicklung schwerwiegend beeinträchtigt ist. Die Hilfe ist in der Regel auf längere Zeit angelegt und findet – im Gegensatz zur Erziehungsbeistandschaft – außerhalb der Familie, gelegentlich auch im Rahmen erlebnispädagogischer Projekte statt,

- **Eingliederungshilfe** für seelisch behinderte Kinder und Jugendliche gem. 35a SGB VIII mit unterschiedlichen Formen der Hilfe für Kinder und Jugendliche in krisenhaft zugespitzten Situationen, wobei die Hilfe schon einsetzen kann, wenn das Kind oder der Jugendliche von einer seelischen Behinderung bedroht ist.

Junge Volljährige Die Hilfen werden bei entsprechendem Bedarf in der Regel nur bis zur Volljährigkeit gewährt. Allerdings besteht gem. § 41 SGB VIII auch die Möglichkeit, jungen Volljährigen Hilfen zur Persönlichkeitsentwicklung und zu einer eigenständigen Lebensführung zu gewähren.

Hilfeplan Wichtig für die Gewährung von Hilfen zur Erziehung ist der durch das SGB VIII verbindlich vorgeschriebene Hilfeplan (§ 36 SGB VIII). Die Entscheidung über Art, Umfang und Weitergewährung der Hilfe soll bei längerfristigen Maßnahmen im Zusammenwirken mehrerer Fachkräfte unter Einbeziehung der Personensorgeberechtigten und des Kindes oder Jugendlichen getroffen werden. In das Hilfeplanverfahren werden gegebenenfalls auch andere an der Hilfe Beteiligte einbezogen. Hierzu können auch Erzieherinnen in Kindertageseinrichtungen gehören, wenn etwa ein Kind aus einer Pflegefamilie oder einem Heim in dem Kindergarten oder Hort betreut wird. Ein Hilfeplan ist in der Regel nicht für die Erziehungsberatung nach § 28 SGB VIII notwendig, da es sich zumeist um eine Hilfeart von kürzerer Dauer handelt. Für Beratungen, die mehr als zwanzig Beratungskontakte umfassen bzw. länger als ein Jahr dauern, wird in der Regel im Fachteam der Erziehungsberatungsstelle im vereinfachten Verfahren ein interner Hilfeplan erstellt.

Heute ist für nahezu alle Kinder vor der Grundschule der Besuch einer Kindertageseinrichtung und/oder die Betreuung in Kindertagespflege zu einer Selbstverständlichkeit geworden. Die Erziehung, Bildung und Betreuung von Kindern in Krippen, Kindergärten und Horten hat sich zu einem Bereich der Kinder- und Jugendhilfe entwickelt, in dem die meisten Menschen beschäftigt sind und für den am meisten Geld ausgegeben wird.

Ausgaben Kinder- und Jugendhilfe

- 26% Hilfe zur Erziehung
- 5% Sonstige Ausgaben
- 3% Jugendarbeit
- 2% Kinder- und Jugendschutz
- 1% Jugendsozialarbeit
- 63% Kindertagesbetreuung

Abb. 3: Kosten der Kindertagesbetreuung (Darstellung des Autors auf Grundlage der Kinder- und Jugendhilfeausgaben 2011, Statistisches Bundesamt, Wiesbaden, 2013)

Die §§ 22 bis 26 SGB VIII enthalten die Rechtsgrundlage für die Leistungen von Tageseinrichtungen für Kinder und von Tagespflegepersonen.

6.1 Förderungsauftrag für Einrichtungen und Kindertagespflege

Gemeinsamer Auftrag von Einrichtungen und Kindertagespflege

§ 22 SGB VIII enthält gemeinsame Vorschriften für Tageseinrichtungen und Kindertagespflege. In Absatz 1 Satz 1 wird der Begriff „Tageseinrichtungen" definiert. Darunter fallen Einrichtungen, in denen sich Kinder regelmäßig für einen Teil des Tages oder ganztägig aufhalten. Klassischerweise sind damit Krippen für die Unter Dreijährigen, Kindergärten für Kinder ab drei Jahren bis zum Schuleintritt und Horte für Schulkinder gemeint. Daneben gibt es auch andere Formen der institutionellen Tagesbetreuung, z. B. in altersgemischten Gruppen, integrativen Einrichtungen oder Familienzentren. Mit dem allgemeinen Oberbegriff „Tageseinrichtung für Kinder" wird die prinzipielle Gleichwertigkeit dieser Betreuungseinrichtungen deutlich gemacht.

Kindertagespflege

Die Kindertagespflege tritt als familiale Betreuungsform neben die institutionelle Form der Förderung in Tageseinrichtungen. § 22 Abs. 1 S. 2 SGB VIII enthält eine Definition der Kindertagespflege als Betreuungsleistung, die von einer geeigneten Tagespflegeperson in ihrem Haushalt oder im Haushalt des Personensorgeberechtigten, das heißt also im Haushalt der Eltern des Kindes, geleistet wird. Die näheren Regelungen sollen im Landesrecht erfolgen, wobei die Möglichkeit eröffnet wird, dass Kindertagespflege auch außerhalb des eigenen Haushalts oder der Wohnung des Kindes „in anderen geeigneten Räumen" geleistet wird. Ohne eine entsprechende Regelung im Landesrecht wäre Kindertagespflege in anderen Räumen als der eigenen Wohnung oder in der elterlichen Wohnung des Kindes nicht zulässig. Die meisten Bundesländer erlauben inzwischen die Kindertagespflege „in anderen geeigneten Räu-

Großtagespflege

men", oft auch als Großtagespflege, bei der zwei oder mehr Tagespflegepersonen gemeinsam eine Wohnung anmieten und ihre Tagespflegekinder betreuen. Problematisch wird es, wenn sich Großtagespflegestellen kaum noch von Einrichtungen unterscheiden.

Die gemeinsamen Grundsätze der Förderung in Tageseinrichtungen für Kinder und in Kindertagespflege werden in § 22 Abs. 2 und 3 SGB VIII genauer beschrieben.

§ 22 Abs. 2 und 3 SGB VIII – Grundsätze der Förderung in Tageseinrichtungen für Kinder und in Kindertagespflege

(2) Tageseinrichtungen für Kinder und Kindertagespflege sollen
1. die Entwicklung des Kindes zu einer eigenverantwortlichen und gemeinschaftsfähigen Persönlichkeit fördern,
2. die Erziehung und Bildung in der Familie unterstützen und ergänzen,
3. den Eltern dabei helfen, Erwerbstätigkeit und Kindererziehung besser miteinander vereinbaren zu können.

(3) Der Förderungsauftrag umfasst Erziehung, Bildung und Betreuung des Kindes und bezieht sich auf die soziale, emotionale, körperliche und geistige Entwicklung des Kindes. Er schließt die Vermittlung orientierender Werte und Regeln ein. Die Förderung soll sich am Alter und Entwicklungsstand, den sprachlichen und sonstigen Fähigkeiten, der Lebenssituation sowie den Interessen und Bedürfnissen des einzelnen Kindes orientieren und seine ethnische Herkunft berücksichtigen.

Anknüpfend an § 1 Abs. 1 SGB VIII hebt § 22 Abs. 2 Nr. 1 SGB VIII hervor, dass sowohl die Tageseinrichtungen als auch die Kindertagespflege als Leistungen der Jugendhilfe der Verwirklichung des Rechts auf Erziehung dienen. Aus § 22 Abs. 2 Nr. 2 SGB VIII wird ersichtlich, dass es sich dabei um einen von den Eltern abgeleiteten Erziehungsauftrag handelt, die Erziehung in der Familie also durch die beiden Angebotsformen unterstützt und ergänzt, aber nicht ersetzt werden soll. § 22 Abs. 2 Nr. 3 SGB VIII enthält den Auftrag, die Eltern darin zu unterstützen, Familie und Erwerbstätigkeit besser zu vereinbaren.

§ 22 Abs. 2 SGB VIII in der Fassung des KJHG von 1990 bezog die Ziele der Förderung allein auf die Kindertageseinrichtungen und zählte sie in der Reihenfolge „Betreuung, Bildung und Erziehung" *Der Betreuungsauftrag rückt nach hinten*
auf. Die Neufassung durch das Tagesbetreuungsausbaugesetz (TAG) 2005 schloss auch die Kindertagespflege mit ein und nahm bei den Förderungszielen eine Umgewichtung vor: Der zur Entlastung der Eltern dienende Betreuungsauftrag rückt zugunsten des Erziehungsauftrags nach hinten. Im Vordergrund steht das Kind und sein Recht auf Förderung der Entwicklung und auf Erziehung zu einer eigenverantwortlichen und gemeinschaftsfähigen Persönlichkeit (§ 1 Abs. 1 SGB VIII).

Frühe Bildung Die frühe Bildung in Kindertageseinrichtungen hat auch in der fachpolitischen Diskussion eine zentrale Rolle eingenommen.[24] Als Reaktion auf die Ergebnisse der PISA-Studie und den Bericht des Forum Bildung hatte die Jugendministerkonferenz zusammen mit der Kultusministerkonferenz einen gemeinsamen Rahmen der Länder für die frühe Bildung in Kindertageseinrichtungen verabschiedet.[25] Im Vordergrund der Bildungsbemühungen im Elementarbereich steht danach die Vermittlung grundlegender Kompetenzen und die Entwicklung und Stärkung persönlicher Ressourcen, die das Kind motivieren und darauf vorbereiten, künftige Lebens- und Lernaufgaben aufzugreifen und zu bewältigen, verantwortlich am gesellschaftlichen Leben teilzuhaben und ein Leben lang zu lernen.

Bildungspläne Inzwischen haben alle Bundesländer Bildungsempfehlungen bzw. -pläne für Kindertagesstätten aufgestellt, in denen Standards für die pädagogische Qualität in Einrichtungen formuliert werden. Diese haben keinen Gesetzescharakter, sondern erhalten ihr rechtliches Gewicht bei der Auslegung von Normen quasi als allgemein fachlich anerkannte Regeln der Kunst. Während der weitgehend staatlich verfasste Schulbereich gem. Art. 7 Abs. 1 GG einen eigenen durch Gesetze, Verordnungen und Richtlinien reglementierten Erziehungsauftrag hat, ist es im Bereich der Kindertagesstätten mit Rücksicht auf das Erziehungsrecht der Eltern und auf die Trägerautonomie nicht zulässig, dass der Staat einseitig verbindliche Richtlinien für die Bildung vorschreibt.

Bild vom Kind Als Konkretisierung des Bildungsauftrags unterstreicht § 22 Abs. 3 SGB VIII die Bedeutung der Vermittlung orientierender Werte und Regeln. Bezugspunkt ist das Bild vom Kind als aktiv Lernendem, das — ausgehend von seinen individuellen Möglichkeiten und Lebensbedingungen — in seiner Auseinandersetzung mit der Umwelt Sinn und Bedeutung sucht. Aufgabe der Pädagogik im Elementarbereich ist es, Aktivitäten der Kinder zu beobachten und zu verstehen und Lernchancen auszuweiten und insbesondere benachteiligte Kinder in ihren Selbstbildungsprozessen zu unterstützen. Ausgangspunkte sind dabei nicht nur die Bedürfnisse, sondern auch die Interessen des Kindes. Die im Förderungsauftrag ausdrücklich benannte Berücksichtigung der ethnischen Herkunft ist in einer Zuwanderungsgesellschaft besonders wichtig. Dabei sollte auch in den Konzeptionen von Einrichtungen mit Kindern aus Migrantenfamilien die Mehrsprachigkeit und das Aufwachsen in verschiedenen Kulturen nicht als Defizit, sondern als Ressource dieser Kinder begriffen und gefördert werden.

---

24 Vgl. hierzu BMFSFJ (Hrsg.): Auf den Anfang kommt es an: Perspektiven für eine Neuorientierung frühkindlicher Bildung (Bildungsforschung Bd. 16), www.bmbf.de/pub/bildungsreform_band_16.pdf

25 Beschluss der JMK vom 13./14.05.2004; Beschluss der KMK vom 03./04.06.2004, abgedruckt in FORUM Jugendhilfe 2004, S. 34 ff.

6.2 | Förderung von Kindern in Tageseinrichtungen

§ 22a SGB VIII enthält spezifische Vorschriften für Tageseinrichtungen. Dabei geht es um die Verpflichtungen zur Qualitätsentwicklung, zur Zusammenarbeit, zur Orientierung an den Bedürfnissen der Familie und zur Förderung von Kindern mit Behinderung. Normadressaten sind die Träger der öffentlichen Jugendhilfe (Jugendämter), die zunächst nur hinsichtlich ihrer eigenen Einrichtungen verpflichtet werden. In kreisfreien Städten und in kreisangehörigen Städten mit eigenem Jugendamt können die örtlichen Träger auch selbst Träger von Kindertageseinrichtungen (städtische Kitas) sein. Die meisten Kindertageseinrichtungen werden allerdings von freien Trägern (Wohlfahrtsverbänden, Kirchen, Elterninitiativen) oder als kommunale Kitas von Ortsgemeinden oder kommunalen Zweckverbänden betrieben. Diese können aus dem SGB VIII nicht zur Leistung verpflichtet werden. Nach § 22a Abs. 5 SGB VIII soll daher der öffentliche Träger, soweit er nicht selbst Träger von Einrichtungen ist, die Realisierung des Förderungsauftrages nach Maßgabe dieser Vorschrift in den Einrichtungen anderer Träger durch geeignete Maßnahmen sicherstellen. Dies können beispielsweise entsprechende Vereinbarungen mit den Trägern der Einrichtungen sein. Die Verpflichtung zur Erfüllung des Förderungsauftrags oder einzelner Bestandteile (z. B. zur Aufnahme von fremden Kindern in den Ferien) kann auch zur Voraussetzung für die Aufnahme in den Kindertagesstätten-Bedarfsplan gemacht werden.

Gemeinsamer Auftrag von Einrichtungen und Kindertagespflege

§ 22a Abs. 1 SGB VIII verpflichtet zur Sicherstellung der Qualitätsentwicklung und Qualitätssicherung in Kindertageseinrichtungen. Wegen der spezifischen Rahmenbedingungen einer institutionellen Betreuung werden an die Erziehung, Bildung und Betreuung von Kindern in Tageseinrichtungen besondere fachliche Anforderungen gestellt. Sie erfüllen einen sozialpädagogischen Auftrag, d. h., ihre Qualität misst sich in erster Linie an der Förderung der persönlichen Entwicklung und sozialen bzw. kulturellen Integration der Kinder sowie an der Kooperation mit den Personensorgeberechtigten. Die zur Qualitätsentwicklung gehörende Entwicklung einer pädagogischen Konzeption sowie der Einsatz von Instrumenten und Verfahren zur Evaluation der Arbeit sind heute ein unverzichtbares Instrument zur systematischen Qualifizierung der Arbeit in Tageseinrichtungen.

Qualitätsentwicklung

Nach § 45 Abs. 3 SGB VIII ist bei der Beantragung einer Betriebserlaubnis die Vorlage einer Konzeption verbindlich gemacht. Diese soll auch Auskunft über Maßnahmen zur Qualitätsentwicklung und -sicherung geben. Die öffentlichen Träger werden damit in ihrer Aufgabe nach § 22a Abs. 5

Konzeption

SGB VIII unterstützt, die Qualitätsentwicklung und die Qualitätssicherung in den Einrichtungen der anderen Träger zu fordern und sicherzustellen. Dabei ist es fachlich notwendig, dass die Einrichtung ihre Konzeption selbst erarbeitet. Sie dient auch der Selbstvergewisserung des Teams und gibt insbesondere den Eltern Anhaltspunkte und Sicherheit, dass der Erziehungsauftrag auch in ihrem Sinne erfüllt wird. § 22a Abs. 1 SGB VIII sieht hierin die Grundlage für die Erfüllung des Förderungsauftrags. Der ebenfalls geforderte Einsatz von Instrumenten und Verfahren der Evaluation ist heute unverzichtbar für die systematische Qualifizierung der Arbeit in Kindertageseinrichtungen. Dabei kommt es jedoch sehr darauf an, wie und wo Qualität gemessen wird.[26] Die Evaluation sollte nicht einseitig an der Prozessqualität orientiert werden. Wichtige Voraussetzung ist, dass die Qualitätsziele nicht vom Träger aufgedrängt, sondern in den Einrichtungen entwickelt werden. Die Einschätzungen der Mitarbeiterinnen, der Eltern und nicht zuletzt die Sicht der Kinder sollten miteinbezogen werden.

Trägerautonomie   In der Praxis wird sich herausstellen, wie die Jugendämter ihrer Verantwortung für die Qualitätsentwicklung und Evaluation gerecht werden, ohne dabei in das Selbstbestimmungsrecht der Träger einzugreifen.

Meldepflicht   Änderungen der Konzeption sind gem. § 47 SGB VIII der zuständigen Behörde unverzüglich anzuzeigen. Offen bleibt dabei freilich, ob und wie die Konzeption einer Einrichtung und deren Umsetzung in die pädagogische Praxis kontrolliert werden kann und welche Rolle dabei das Jugendamt und das Landesjugendamt zu spielen hat.

Zum Mittag nur Brot?

Ein Kind belegt einen Ganztagsplatz im Kindergarten eines freien Trägers. Die Eltern sind nicht damit einverstanden, dass ihr Sohn — wie alle anderen Ganztagskinder — zur Teilnahme am (kostenpflichtigen) Mittagessen verpflichtet ist. Sie weisen darauf hin, dass es bei ihnen eine warme Mahlzeit erst am Abend gibt und ihr Kind mittags sein mitgebrachtes Brot essen kann. Der Träger der Einrichtung will keine Sonderregelung für einzelne Kinder. Welche rechtlichen Argumente können die Eltern vorbringen und auf welche kann sich der Träger der Einrichtung berufen?

---

26 Vgl. Qualitätsempfehlungen Rheinland-Pfalz, http://kita.bildung-rp.de/
    Qualitaetsvereinbaru.501.0.html

Rechtliche Überlegungen

Die Eltern können sich auf ihr Erziehungsrecht (§ 1 Abs. 2 SGB VIII) berufen. Kindertagesstätten haben auf der Grundlage des Betreuungsvertrages ein von den Eltern abgeleitetes Erziehungsrecht. Sie haben gem. § 9
Nr. 1 SGB VIII die von den Eltern bestimmte Grundrichtung zu beachten.
Bei dieser Vorschrift geht es jedoch eher um grundsätzliche Fragen und
nicht um die Frage der Teilnahme an dem gemeinsamen Mittagessen.
Auch das Wunsch- und Wahlrecht (§ 5 SGB VII) dürfte für den Fall nicht
von zentraler Bedeutung sein, da Wünsche hinsichtlich der Ausgestaltung
der Hilfe zwar geäußert werden können, sie bestimmen aber nicht die
Arbeit der Einrichtung.

Wichtiger ist die Spezialvorschrift für die Tageseinrichtungen in § 22a
Abs. 3 SGB VIII, dass sich das Angebot an den Bedürfnissen der Kinder
und ihrer Familien orientieren soll. Auch die Forderung in § 22a Abs. 2
Nr. 1 SGB VIII, dass die Fachkräfte mit den Erziehungsberechtigten zum
Wohl der Kinder und zur Sicherung des Erziehungsprozesses zusammen-
arbeiten sollen, kann als Argument der Eltern herangezogen werden.

Der Träger ist jedoch nicht verpflichtet, stets auf die Bedürfnisse einzelner Eltern einzugehen. Träger können sich auf ihre Trägerautonomie berufen. Die öffentliche Jugendhilfe hat gem. § 4 Abs. 1 Satz 2 SGB VIII die Selbständigkeit der freien Jugendhilfe in Zielsetzung und Durchführung ihrer Aufgaben zu achten. Wenn die Konzeption für Kinder in Ganztagsbetreuung ein gemeinsames Mittagessen vorsieht, ist dies Teil der pädagogischen Arbeit. Sie betrifft das Sozialverhalten, den Umgang mit Lebensmitteln und das Einüben von Tischsitten etc. Hier können einzelne Kinder nicht einfach herausgenommen und ins Abseits gestellt werden. Viele Ausführungsvorschriften der Länder sehen ein Mittagessen ausdrücklich als Teil des Ganztagsangebots vor. Der Verweis auf einen möglichen Einrichtungswechsel geht meist ins Leere, da die meisten Träger (zu Recht) das Ganztagsangebot mit einer verpflichtenden Teilnahme am Mittagessen verbinden.

Die Ansprüche auf Förderung in Tageseinrichtungen für Kinder und in Kindertagespflege sind in § 24 SGB VIII geregelt. Das Nähere über Inhalt und Umfang ist gem. § 26 SGB VIII der **Landesgesetzgebung** überlassen. Die 16 Bundesländer haben mit ihren Kindertagesstättengesetzen oder, die Kindertagespflege mit einschließend, in ihren Kindertagesbetreuungsgesetzen[27] und den dazu erlassenen Verordnungen und Richtlinien eine kaum übersehbare Vielfalt von Voraussetzungen für die Kindertagesbetreuung geschaffen. Dies betrifft im Wesentlichen die Gruppengröße und den Personalschlüssel, aber auch die Öffnungszeiten und die Elternbeiträge. Die eng mit der Finanzierung verbundenen Regelungen sind von Bundesland zu Bundesland derartig unterschiedlich, dass Vergleiche nur schwer möglich sind.

Für die landesrechtlichen Regelungen gilt, dass sie dem Bundesrecht nicht widersprechen dürfen (siehe Kap. 1.2, S. 13). Nach § 24 Abs. 6 SGB VIII bleibt weitergehendes Landesrecht unberührt. Abweichende Regelungen, etwa beim Rechtsanspruch auf einen Kindergartenplatz, sind daher zulässig, wenn sie dem Bürger eine verbesserte Rechtsposition geben.[28]

7.1 Geschichte der Rechtsansprüche

Die Rechtsansprüche auf Kindertagesbetreuung haben eine lange, wechselvolle Geschichte. Wie auch in anderen Teilbereichen der Kinder- und Jugendhilfe spielte dabei die Frage der Finanzierung bzw. der Finanzierbarkeit schon seit dem Reichsjugendwohlfahrtsgesetz von 1922 eine zen-

Finanzierbarkeit

---

27 In Nordrhein-Westfalen heißt das Ausführungsgesetz mit Blick auf den Bildungsauftrag Kinderbildungsgesetz (KiBiz), in Mecklenburg-Vorpommern und in Sachsen-Anhalt Kinderförderungs- bzw. Kindertagesförderungsgesetz (KiföG).

28 So z. B. der Rechtsanspruch auf ganztägige Betreuung ab dem vollendeten ersten Lebensjahr in § 2 Abs. 1 Thüringer Tageseinrichtungsgesetz und der Rechtsanspruch auf einen (beitragsfreien) Kindergartenplatz ab vollendetem zweiten Lebensjahr in § 5 Abs. 1 Kindertagesstättengesetz Rheinland-Pfalz.

trale Rolle. Nach jahrzehntelangen Reformbemühungen wäre das Kinder- und Jugendhilfegesetz (KJHG, vgl. Kap. 3.2) 1990 am Widerstand der Länder und Kommunen gegen die beabsichtigte Einführung des Rechtsanspruchs auf einen Kindergartenplatz beinahe wieder gescheitert. Der endgültig verabschiedete Text des KJHG enthielt daher nur die Verpflichtung des öffentlichen Trägers, entsprechende Plätze bedarfsgerecht vorzuhalten. Erst das als Begleitgesetz zur Lockerung der Strafbarkeit von Abtreibung (§ 218 StGB) erlassene Schwangeren- und Familienhilfegesetz führte mit der Neufassung des § 24 SGB VIII den Rechtsanspruch auf einen Kindergartenplatz ein.[29] Noch vor In-Kraft-Treten dieser Regelung — am 1.1.1996 — hatte der Bundesgesetzgeber auf Druck der (westdeutschen) Länder und Kommunen eine Übergangsregelung eingefügt, mit der die konsequente Einführung des Rechtsanspruchs durch eine auf zwei Jahre befristete Stichtagsregelung hinausgezögert wurde. Der Rechtsanspruch auf einen Kindergartenplatz ab Vollendung des dritten Lebensjahres trat bundesweit erst ab dem 1. Januar 1999 in Kraft.

Tagesbetreuungs-
ausbaugesetz

Mit den Änderungen des SGB VIII durch das Tagesbetreuungsausbaugesetz (TAG) 2005 und der Neufassung des § 24 Abs. 1 SGB VIII wurde mit der Formulierung „Anspruch auf den Besuch einer Tageseinrichtung" deutlich gemacht, dass sich der Rechtsanspruch nicht nur auf einen Platz im Kindergarten bezieht, sondern auch mit dem Besuch einer altersgemischten Gruppe, einer integrativen Gruppe oder einer anderen Einrichtungsform für Kinder im Kindergartenalter erfüllt werden kann. Nachdem inzwischen der Rechtsanspruch ab drei im Großen und Ganzen zu einem bedarfsgerechten Ausbau von Kindergartenplätzen geführt hatte, sollte das TAG die Qualität der Kindertagesbetreuung absichern und den Ausbau von Betreuungsplätzen für Kinder unter drei Jahren beschleunigen. Mit § 24a SGB VIII wurde eine Übergangsvorschrift geschaffen, mit der durch Planungs- und Berichtspflichten ein bedarfsgerechter Ausbau der Krippenplätze bis 2010 erreicht werden sollte. Das Gesetz wurde flankiert durch finanzielle Zugeständnisse des Bundes an die Länder zur Unterstützung der für den Ausbau verantwortlichen Kommunen.

Im weiteren Verlauf wurde allerdings klar, dass die Ziele eines bedarfsgerechten Ausbaus der Plätze für Kinder unter drei Jahren bis 2010 nicht erreicht werden würde. Deshalb einigten sich im Herbst 2007 Bund und Länder darauf, den Ausbau des Betreuungsangebots für unter Dreijährige mit weiterer finanzieller Unterstützung des Bundes bis 2013 voranzutreiben, wobei davon ausgegangen wur-

---

29 Sicherlich spielte die Tatsache eine Rolle, dass die neuen Bundesländer aus ihrer DDR-Vergangenheit eine wesentlich bessere Versorgung mit Betreuungsplätzen hatte. In den westdeutschen Flächenländern hingegen fehlten nach damaligen Schätzungen 600.000 Kitaplätze.

de, dass bundesweit ein Bedarf für 35 % der Kinder unter drei besteht und ca. 750.000 neue Plätze benötigt wurden.

Mit dem Kinderförderungsgesetz (KiföG) 2008 wurde in § 24 SGB VIII eine individuelle Förderungsverpflichtung („ein Kind ist zu fördern") für Kinder unter drei eingeführt, die an die Bedarfskriterien der pädagogischen Notwendigkeit oder der Vereinbarkeit von Familie und Beruf geknüpft wurde. Zugleich wurde festgelegt, dass am 1. August 2013 ein an keine Bedingungen geknüpfter Rechtsanspruch für Kinder ab Vollendung des ersten Lebensjahres auf Förderung in einer Tageseinrichtung oder in Kindertagespflege eingeführt wird.

Kinderförderungsgesetz

7.2 Neuregelung der Ansprüche durch das Kinderförderungsgesetz

Mit dem ab 1. August 2013 geltenden § 24 SGB VIII wurden die Vorschriften für die Inanspruchnahme von Leistungen der Kindertagesbetreuung neu geregelt.

§ 24 SGB VIII – Anspruch auf Förderung in Tageseinrichtungen und in Kindertagespflege

(1) Ein Kind, das das erste Lebensjahr noch nicht vollendet hat, ist in einer Einrichtung oder in Kindertagespflege zu fördern, wenn diese Leistung für seine Entwicklung zu einer eigenverantwortlichen und gemeinschaftsfähigen Persönlichkeit geboten ist oder die Erziehungsberechtigten

a) einer Erwerbstätigkeit nachgehen, eine Erwerbstätigkeit aufnehmen oder Arbeit suchend sind,

b) sich in einer beruflichen Bildungsmaßnahme, in der Schulausbildung oder Hochschulausbildung befinden oder

c) Leistungen zur Eingliederung in Arbeit im Sinne des Zweiten Buches erhalten.

Lebt das Kind nur mit einem Erziehungsberechtigten zusammen, so tritt diese Person an die Stelle der Erziehungsberechtigten. Der Umfang der täglichen Förderung richtet sich nach dem individuellen Bedarf.

(2) Ein Kind, das das erste Lebensjahr vollendet hat, hat bis zur Voll-endung des dritten Lebensjahres Anspruch auf frühkindliche Förderung in einer Tageseinrichtung oder in Kindertagespflege. Absatz 1 Satz 3 gilt ent-sprechend.

(3) Ein Kind, das das dritte Lebensjahr vollendet hat, hat bis zum Schul-eintritt Anspruch auf Förderung in einer Tageseinrichtung. Die Träger der öffentlichen Jugendhilfe haben darauf hinzuwirken, dass für diese Alters-gruppe ein bedarfsgerechtes Angebot an Ganztagsplätzen zur Verfügung steht. Das Kind kann bei besonderem Bedarf oder ergänzend auch in Kin-dertagespflege gefördert werden.

(4) Für Kinder im schulpflichtigen Alter ist ein bedarfsgerechtes Angebot in Tageseinrichtungen vorzuhalten. Absatz 1 Satz 3 und Absatz 3 Satz 3 gelten entsprechend.

(5) Die Träger der öffentlichen Jugendhilfe oder die von ihnen beauftrag-ten Stellen sind verpflichtet, Eltern oder Elternteile, die Leistungen nach den Absätzen 1 bis 4 in Anspruch nehmen wollen, über das Platzangebot im örtlichen Einzugsbereich und die pädagogische Konzeption der Einrich-tungen zu informieren und sie bei der Auswahl zu beraten. Landesrecht kann bestimmen, dass die erziehungsberechtigten Personen den zuständigen Träger der öffentlichen Jugendhilfe oder die beauftragte Stelle innerhalb einer bestimmten Frist vor der beabsichtigten Inanspruch-nahme der Leistung in Kenntnis setzen.

In der Reihenfolge der Absätze folgt § 24 SGB VIII dem Alter der Kinder:

- Abs. 1 regelt die Vergabekriterien für Kinder **bis zur Vollendung des ersten Lebensjahres,**

- Abs. 2 enthält den **Rechtsanspruch** für Kinder im **Alter von 1 bis 2 Jahren,**

- Abs. 3 regelt den **Rechtsanspruch** für Kinder **im Alter von 3 Jahren bis zum Schuleintritt,**

- Abs. 4 regelt das **Angebot für Schulkinder,**

- Abs. 5 verpflichtet die Jugendämter, Eltern über das Platzangebot zu **infor-mieren** und bei der Auswahl zu **beraten,**

- Abs. 6 regelt die Geltung von weitergehendem **Landesrecht.**

7.3 Objektive Verpflichtungen für Kinder im Alter unter einem Jahr

Für Kleinkinder im Alter unter einem Jahr übernimmt die Neufassung von § 24 Abs. 1 SGB VIII die nach In-Kraft-Treten des KiföG ab 1. Januar 2009 für Kinder unter drei Jahren geltende Formulierung „Ein Kind ... ist ... zu fördern"[30]. Die Verpflichtung des örtlichen Trägers (Jugendamt), entsprechende Plätze anzubieten, ist gegenüber der Fassung von 2005 (Tagesbetreuungsausbaugesetz) individualisiert und deutlich verschärft worden. Für das Jugendamt besteht bei Vorliegen der in § 24 Abs. 1 SGB VIII näher bestimmten Vergabekriterien eine objektiv-rechtliche Verpflichtung, einen Platz in einer Einrichtung oder in Kindertagespflege anzubieten. Dies führt bei der Entscheidung über den Antrag auf Vergabe eines Betreuungsplatzes zu einer stärkeren Ermessensbindung für die Verwaltung und erhöht damit die rechtliche Durchsetzbarkeit für den Antragsteller. Die Regeln der Inanspruchnahme gem. § 24 Abs. 1 SGB VIII gelten sowohl für Tageseinrichtungen als auch für Kindertagespflege.

Objektiv-rechtliche Förderungsverpflichtung

Kinder bis zur Vollendung des ersten Lebensjahres sind gem. § 24 Abs. 1 Nr. 1 SGB VIII in Krippen oder in Kindertagespflege zu fördern, wenn diese Leistung für die Entwicklung zu einer eigenverantwortlichen und gemeinschaftsfähigen Persönlichkeit geboten ist. Die Angebote in Tageseinrichtungen oder in Kindertagespflege sollen damit nicht zu einem Ersatz für gegebenenfalls notwendige Hilfen zur Erziehung (§§ 27 ff. SGB VIII) werden, sondern sie sollen Unterstützung leisten für Eltern, die — aus welchen Gründen auch immer — ihren Erziehungs- und Betreuungsaufgaben nur bedingt nachkommen können und das Kind daher für einen Teil des Tages besser in einer Kindertagesstätte oder von einer Tagespflegeperson betreut und gefördert werden sollte.

Besonderer erzieherischer Bedarf

Ein Kind bis zur Vollendung des ersten Lebensjahres ist außerdem zu fördern, wenn beide Eltern oder der alleinerziehende Elternteil berufstätig oder arbeitssuchend sind, sich in einer Berufs-, Schul- oder Hochschulausbildung befinden oder an einer beruflichen Eingliederungsmaßnahme („Hartz IV") teilnehmen (§ 24 Abs. 1 Nr. 2 SGB VIII).

Vereinbarkeit von Beruf und Familie

---

30 Vgl. § 24 Abs. 3 SGB VIII in der Fassung bis zum 31. Juli 2013

7.4 | Individuelle Rechtsansprüche für Ein- und Dreijährige

§ 24 Abs. 2 und 3 SGB VIII formulieren subjektive, das heißt von dem Anspruchsinhaber einklagbare Rechtsansprüche. Die Rechtsbeziehungen zwischen dem Anspruchsinhaber, dem Jugendamt und dem Träger der Kindertageseinrichtung bilden ein sogenanntes sozialrechtliches Dreiecksverhältnis.

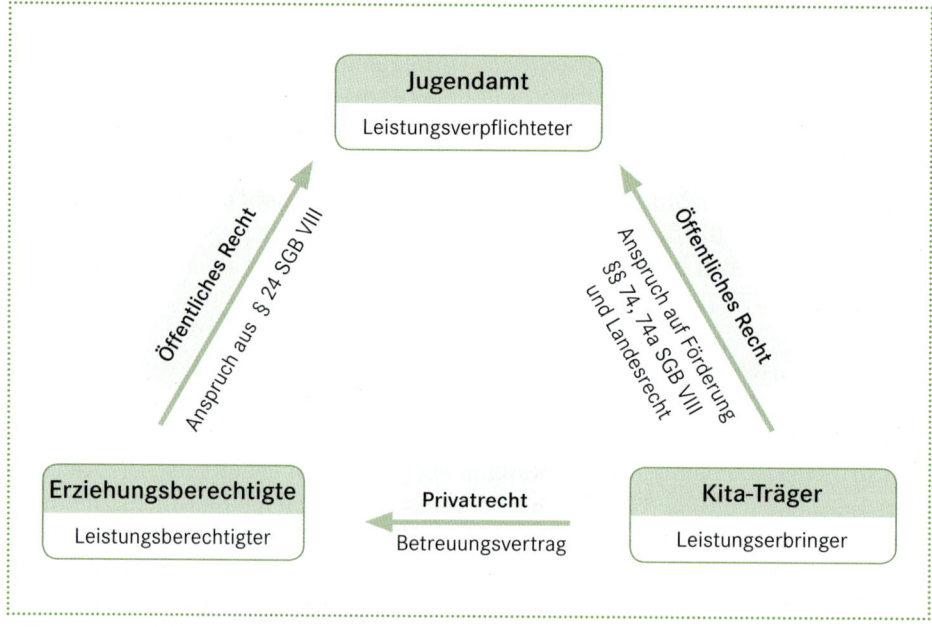

Abb. 4: Sozialrechtliches Dreiecksverhältnis

Der Rechtsanspruch ist ein Anspruch des Kindes, vertreten durch seine Eltern als Inhaber der Personensorge **(Leistungsberechtigte)**.

Der Anspruch richtet sich als Leistungsanspruch gem. § 3 Abs. 2 S. 2 SGB VIII in Verbindung mit § 85 Abs. 1 SGB VIII gegen den örtlichen Träger der öffentlichen Jugendhilfe **(Leistungsverpflichteter)**. Dies sind die Kreise, die kreisfreien Städte sowie nach Maßgabe des Landesrechts auch die kreisangehörigen Städte mit eigenem Jugendamt. Der Träger des Jugendamts muss die Leistung nicht selber erbringen, sondern er hat eine Verschaffungspflicht. Er muss durch Planung und Finanzierung dafür sorgen, dass gem. § 79 Abs. 2 Satz 1 SGB VIII die erforderlichen und geeigneten Einrichtungen den verschiedenen Grundrichtungen der Erziehung entsprechend rechtzeitig und ausreichend zur Verfügung stehen.

Erfüllt wird die Leistung durch die Träger der Tageseinrichtung (**Leistungserbringer**). In weitem Maße werden Kindertageseinrichtungen von freien Trägern betrieben. Aber auch wenn kreisangehörige Gemeinden Träger von Kindertagesstätten sind und durch Landesrecht in die Verantwortung für die Bereitstellung eines bedarfsgerechten Angebots eingebunden werden, bleibt die Gesamtverantwortung beim Träger des Jugendamts.

Der Anspruch auf einen Betreuungsplatz ist öffentlich-rechtlich. *Klageweg zum Verwaltungsgericht* Wenn der Kreis oder die Stadt als Träger des Jugendamts den Antrag ablehnt, können die Eltern auf dem Verwaltungsrechtsweg (Widerspruch, Klage vor dem Verwaltungsgericht) den Anspruch durchsetzen.

Wahlrecht zwischen Tageseinrichtung und Kindertagespflege

Besonderheiten gibt es beim Rechtsanspruch von Kindern ab Vollendung des ersten Lebensjahres. Gem. § 24 Abs. 2 SGB VIII richtet sich der Anspruch auf frühkindliche Förderung in einer Tageseinrichtung oder in Kindertagespflege. Nach § 22 SGB VIII handelt es sich dabei um gleichrangige Angebote mit dem gleichen Förderungsauftrag. Andererseits ist zu berücksichtigen, dass bei der Kindertagespflege die individuelle Förderung durch eine dem Kind und den Eltern vertraute Person erfolgt, während die Förderung in einer Einrichtung unabhängig vom Wechsel der Bezugspersonen in Gruppen erfolgt.

Eltern entscheiden sich in der Regel bewusst für die eine oder die andere Betreuungsform. Beide Angebote sind gleichrangig, aber nicht wesensgleich. Für die Wahl der anspruchserfüllenden Betreuungsform ist daher der Elternwille ausschlaggebend. Dies gilt allerdings nur, soweit in beiden Betreuungsformen bedarfsgerechte Plätze zur Verfügung stehen.

Das Jugendamt hat dafür zu sorgen, dass die Träger von Einrichtungen und qualifizierte Tagespflegepersonen in ausreichender Anzahl den Leistungsberechtigten die notwendigen Plätze zur Verfügung stellen. Die Träger von Einrichtungen erhalten dafür nach Maßgabe des Landesrechts die entsprechende Förderung. Das Verhältnis zwischen dem Träger der Einrichtung und dem Kreis oder der Stadt als Träger des Jugendamtes ist ebenfalls öffentlich-rechtlich. Auch hier entscheiden im Streitfall die Verwaltungsgerichte.

Vertrag oder Satzung : Das Rechtsverhältnis zwischen den Eltern (als Vertreter des Kindes) und der Kindertageseinrichtung wird in den meisten Fällen durch einen (privatrechtlichen) Betreuungsvertrag geregelt. Im Streitfall geht der Rechtsweg zu den Zivilgerichten (Amtsgericht). Kommunale Träger können das Betreuungsverhältnis auch in einer Satzung regeln. Bei privatrechtlichen Verträgen geht der Rechtsweg zum Amtsgericht (Zivilgericht), bei kommunalen Satzungen zum Verwaltungsgericht.

7.5 Inhalt und Umfang der Rechtsansprüche

Im Bundesrecht werden die Inhalte der Rechtsansprüche nach § 24 SGB VIII nicht genau festgelegt. Häufig (aber nicht immer) finden sich im Landesrecht gem. § 26 SGB VIII genauere Bestimmungen.

Festlegungen für die Rechtsansprüche im SGB VIII

- Für den Rechtsanspruch ab dem Alter von einem Jahr (§ 24 Abs. 2 SGB VIII) gilt entsprechend § 24 Abs. 1 Satz 3 lediglich, dass sich der **Umfang der täglichen Förderung** nach dem individuellen Bedarf richtet.

- Für den Rechtsanspruch ab dem Alter von drei Jahren (§ 24 Abs. 3 SGB VIII) sieht das Bundesrecht keine Konkretisierungen vor, sondern es gibt den Trägern der öffentlichen Jugendhilfe den Auftrag, darauf hinzuwirken, dass für diese Altersgruppe ein **bedarfsgerechtes Angebot an Ganztagsplätzen** zur Verfügung steht. Hier handelt es sich um eine Planungsverpflichtung, die individuell nicht rechtlich durchgesetzt werden kann. Kriterien für die Vergabe von vorhandenen Ganztagsplätzen werden im Bundesrecht nicht festgelegt. In der Praxis ist es sinnvoll, die Vergabekriterien für die U1-Plätze (§ 24 Abs. 1 SGB VIII) auf Ganztagsplätze anzuwenden.

- Der **Beginn des Rechtsanspruchs** ist die Vollendung des ersten bzw. des dritten Lebensjahres, also der erste bzw. der dritte Geburtstag des Kindes. Die Eltern dürfen nicht auf den wie immer definierten Beginn des Kindergartenjahres verwiesen werden, denn § 24 Abs. 2 und 3 SGB VIII sehen unmissverständlich eine Geburtstagsregelung vor.

- Das **Ende des Rechtsanspruchs** für Kinder ab dem Alter von einem Jahr ist der Tag vor der Vollendung des dritten Lebensjahres. Dreijährige haben dann einen Anspruch, der sich auf einen Platz in einer Tageseinrichtung und nicht mehr alternativ auch auf einen Platz in Kindertagespflege bezieht. Der Rechtsanspruch für Kinder ab dem Alter von 3 Jahren endet mit Schuleintritt, also dem ersten Schultag, der nicht immer mit dem landesgesetzlich bestimmten Beginn des Schuljahres übereinstimmt.

Obwohl das Bundesgesetz keine entsprechenden Regelungen enthält, ist davon auszugehen, dass der Kindergartenplatz in zumutbarer Entfernung vom Wohnort angeboten und gewährleistet werden muss. Allerdings finden sich in den Ausführungsgesetzen der Länder keine genaueren Regelungen.[31] Aber auch diese Formel ist auslegungsfähig und man wird die zumutbare Entfernung in städtischen Ballungsräumen anders beurteilen als in dünn besiedelten ländlichen Gebieten.

In zumutbarer Entfernung

Auch ein zeitlicher Mindestumfang der täglichen Betreuung wird im Bundesrecht nicht geregelt. Wenn man die Vorgaben für die Bedarfsplanung zugrunde legt, sollen Einrichtungen gem. § 80 Abs. 1 Nr. 4 SGB VIII so geplant werden, dass Mütter und Väter Aufgaben in der Familie und Erwerbstätigkeit besser miteinander vereinbaren können. Demnach müsste die Betreuungszeit zumindest ausreichen, um einer Halbtagstätigkeit nachgehen zu können. In Rheinland-Pfalz geht man für den Kindergarten von einer Mindestbetreuungszeit von täglich sieben Stunden aus.[32] In Niedersachsen gilt ein Halbtagsangebot von mindestens vier Stunden bereits als anspruchserfüllend.[33]

Unterschiede bei der Mindestbetreuungszeit

---

31 In Rheinland-Pfalz hat das Jugendamt gem. § 5 Abs. 1 S. 2 KitaG zu gewährleisten, „dass für jedes Kind ein Kindergartenplatz in zumutbarer Entfernung zur Verfügung steht", nach § 13 Abs. 1 KiTa-Gesetz für Niedersachsen (KiTaG Nds) ist bei der Feststellung des Bedarfs „eine möglichst ortsnahe Versorgung anzustreben".

32 Vgl. § 5 Abs. 2 KitaG Rlp in Verbindung mit § 2 Abs. 5 Nr. 1 Landesausführungsverordnung

33 Nach § 12 Abs. 1 Satz 2 KiTaG Nds richtet sich der Anspruch auf einen Platz in einer Vormittagsgruppe

Ihr gutes Recht?

Die Mutter eines vierjährigen Kindes möchte wieder in ihren Beruf einsteigen. Bisher hatte ihr Kind einen Kindergartenplatz bis 14 Uhr. Jetzt benötigt die Mutter einen Ganztagsplatz. Welche rechtlichen Möglichkeiten hat sie? Welche (rechtlichen) Argumente kann sie vorbringen?

Rechtliche Überlegungen

Das Kind hat gem. § 24 Abs. 1 Satz 1 SGB VIII als Vierjähriges einen Rechtsanspruch auf einen Kindergartenplatz, den die Mutter als Personensorgeberechtigte für es geltend machen kann. Der Anspruch richtet sich nicht gegen den Träger des Kindergartens (Leistungserbringer), sondern gegen den Träger der öffentlichen Jugendhilfe, also den Kreis als Träger des Jugendamts (Leistungsverpflichteter). Nach herrschender Meinung bezieht sich der Rechtsanspruch jedoch nicht auf einen Ganztagsplatz und wäre mit dem Regelangebot bis 14 Uhr erfüllt.

Der Träger des Jugendamts hat gem. § 24 Abs. 1 Satz 2 SGB VIII darauf hinzuwirken, dass ein bedarfsgerechtes Angebot an Ganztagsplätzen oder ergänzend in Kindertagespflege zur Verfügung steht. Aus der Planungsverpflichtung folgt jedoch noch kein unmittelbarer Rechtsanspruch.

Die Mutter kann sich darauf berufen, dass das Angebot der Kita Eltern dabei helfen soll, Erwerbstätigkeit und Kindererziehung besser miteinander vereinbaren zu können (vgl. § 22 Abs. 2 Nr. 3 SGB VIII). Sie kann unter Hinweis auf ihre berufliche Situation beim Jugendamt einen Antrag auf Bereitstellung eines Ganztagsplatzes stellen. Darüber muss nach pflichtgemäßem Ermessen entschieden werden.

Für die Vergabe von Ganztagsplätzen an Kinder ab drei gibt es in § 24 Abs. 3 SGB VIII keine ausdrückliche Ermessensbindung. In § 24 Abs. 1 Ziffer 1 und 2 SGB VIII ist festgelegt, unter welchen Voraussetzungen Kinder unter drei in Tageseinrichtungen oder in Kindertagespflege zu fördern sind, wobei in Ziff. 2 das Kriterium der Vereinbarkeit von Berufstätigkeit und Kindererziehung näher definiert wird. Die Mutter kann fordern, dass nach den gleichen Kriterien auch Ganztagsplätze vergeben werden müssen.

Die Mutter des Kindes hat Anspruch auf eine Entscheidung nach pflichtgemäßem Ermessen in der Form eines rechtsmittelfähigen Bescheids.
Wenn in der Einrichtung oder in einer anderen wohnortnahen Einrichtung
ein Ganztagsplatz für das Kind zur Verfügung steht, muss das Jugendamt
diesen anbieten. Wenn kein Platz frei ist, kann die Mutter ergänzende Kindertagespflege beantragen (§ 24 Abs. 3 Satz 3 SGB VIII).

7.6 Angebote für Schulkinder

Für Kinder im schulpflichtigen Alter ist gem. § 24 Abs. 4 SGB VIII *Verpflichtung zur*
ein bedarfsgerechtes Angebot in Tageseinrichtungen vorzuhal- *Bereitstellung*
ten. Das SGB belässt es für diese Altersgruppe bei einer Vorschrift mit niedrigem Verpflichtungsgrad. Das Angebot wird dadurch jedoch nicht
zu einer freiwilligen Leistung.

Die Verpflichtung des örtlichen Trägers (Jugendamt) zur Bereitstellung von Hortplätzen bezieht sich nicht mehr wie in der vorher geltenden Fassung auf Plätze
in Kindertagespflege. Ohne dass dies im Gesetz festgelegt ist, geht der Gesetzgeber offenbar davon aus, dass Kindertagespflege vorwiegend für Kinder unter drei
geleistet wird. Entsprechend § 24 Abs. 3 Satz 3 kann ein Schulkind bei besonderem Bedarf oder ergänzend zu einer Betreuung im Hort in Kindertagespflege gefördert werden. Der tägliche Betreuungsumfang von Schulkindern richtet sich
entsprechend § 24 Abs. 1 Satz 3 SGB VIII nach dem individuellen Bedarf.

In den letzten Jahren ist der Bedarf an Plätzen für Schulkinder *Krippe versus Hort?*
gestiegen. Es wurden jedoch durch den Bedarf an Plätzen für Kin-
der unter drei und die Bundesförderung für die Finanzierung des Krippenausbaus
Anreize geschaffen, bestehende Plätze in Horten und altersgemischten Gruppen
in Krippenplätze umzuwandeln. Zwar sind die örtlichen Träger (Jugendämter)
gem. §§ 79, 80 SGB VIII gehalten, für ein bedarfsgerechtes Angebot zu sorgen, für
den Einzelnen geben diese Vorschriften jedoch keine rechtliche Handhabe, den
Abbau von Hortplätzen zu verhindern, geschweige denn, den bedarfsgerechten
Ausbau von Plätzen für Schulkinder einzufordern.

7.7 Kinder mit Behinderungen

Das SGB VIII enthält nur einen kurzen Verweis auf den besonderen Förderungsbedarf von Kindern mit Behinderung. Sofern der Hilfebedarf dies zulässt, sollen
Kinder mit und ohne Behinderung in Gruppen gemeinsam gefördert werden
(§ 22a Abs. 4 S. 1 SGB VIII). Diese im Bundesgesetz recht allgemein gehaltene Regelung wird in einigen Landesausführungsgesetzen noch präziser gefasst.

§ 4 Abs. 4 KitaG Schleswig-Holstein

(4) Behinderungen, Beeinträchtigungen und Benachteiligungen eines Kindes sollen durch gemeinsame Erziehung aller Kinder und durch individuelle Hilfe ausgeglichen oder verringert werden. Die gemeinsame Erziehung
soll auch erreichen, daß alle Kinder sich in ihren unterschiedlichen Befähi-
gungen anerkennen, emotional positive Beziehungen aufbauen und sich
gegenseitig unterstützen.

§ 2 Abs. 3 KitaG Rheinland-Pfalz

(3) Kindertagesstätten haben auch die Aufgabe, bei der Früherkennung
von Entwicklungsrückständen und Behinderungen mitzuwirken. Für die
gemeinsame Erziehung behinderter und nichtbehinderter Kinder soll eine
ausreichende Anzahl geeigneter Plätze in Kindertagesstätten vorhanden
sein; die Plätze sollen auch entsprechend den allgemein anerkannten
Regeln der Technik so weit wie möglich barrierefrei im Sinne des § 2
Abs. 3 des Landesgesetzes zur Gleichstellung behinderter Menschen
gestaltet sein.

Inklusion als völker-
rechtliche Verpflichtung

Das Ziel einer gemeinsamen Erziehung, Bildung und Betreuung
von Kindern mit und ohne Behinderung entspricht auch dem Be-
nachteiligungsverbot in Art. 3 Abs. 3 S. 2 GG und Art. 7, Art. 24 der
UN-Konvention über die Rechte von Menschen mit Behinderung (BRK) sowie
Art. 23 der UN-Kinderrechtskonvention (KRK). Die Bundesrepublik Deutschland
hat sich völkerrechtlich verpflichtet, die Rechte der Kinder mit Behinderung in-
nerstaatlich umzusetzen.

Art. 7 UN-Konvention über die Rechte von Menschen mit Behinderung (BRK)

(1) Die Vertragsstaaten treffen alle erforderlichen Maßnahmen, um zu gewährleisten, dass Kinder mit Behinderungen gleichberechtigt mit anderen Kindern alle Menschenrechte und Grundfreiheiten genießen können.

(2) Bei allen Maßnahmen, die Kinder mit Behinderungen betreffen, ist das Wohl des Kindes ein Gesichtspunkt, der vorrangig zu berücksichtigen ist.

(3) Die Vertragsstaaten gewährleisten, dass Kinder mit Behinderungen das Recht haben, ihre Meinung in allen sie berührenden Angelegenheiten gleichberechtigt mit anderen Kindern frei zu äußern, wobei ihre Meinung angemessen und entsprechend ihrem Alter und ihrer Reife berücksichtigt wird, und behinderungsgerechte sowie altersgemäße Hilfe zu erhalten, damit sie dieses Recht verwirklichen können.

Über die Integration hinausgehend ist daher eine auf Teilhabe und Selbstbestimmung gerichtete Perspektive der Inklusion notwendig. Das Leistungsangebot der Kinder- und Jugendhilfe soll sich primär an der Lebenslage „Kindheit und Jugend" orientieren und erst sekundär nach der Behinderung oder anderen Benachteiligungen und Belastungen in dieser Lebenslage differenzieren.

Inklusion ist mehr als Integration

Nach derzeit geltender Rechtslage hängt die Leistungsverpflichtung für Kinder mit Behinderung von der Art der Behinderung ab. Bei seelisch behinderten und von Behinderung bedrohten Kindern und Jugendlichen liegt die Zuständigkeit für die Eingliederungshilfe gem. § 35a SGB VIII bei der Kinder- und Jugendhilfe. Dagegen liegt die Zuständigkeit für Kinder mit körperlicher und geistiger Behinderung bei der Sozialhilfe (§ 10 Abs. 4 SGB VIII in Verb. m. §§ 53, 54 SGB XII).

Seelisch behinderte Kinder

Bei Einzelintegration von Kindern mit seelischer Behinderung im Regelkindergarten soll gem. § 36 SGB VIII als Grundlage für die Ausgestaltung der Hilfe gemeinsam mit den Personensorgeberechtigten (und so weit wie möglich auch mit dem Kind) ein Hilfeplan aufgestellt werden, der Feststellungen über den Bedarf, die zu gewährende Art der Hilfe sowie die notwendigen Leistungen enthält. Die Kosten für eine Integrationsfachkraft können nach § 35a SGB VIII von der Jugendhilfe übernommen

Integrationsfachkraft oder persönliches Budget

werden. Die Leistungen können aber auch in Form eines persönlichen Budgets gewährt werden.

Bei allen anderen Formen der Behinderung werden die Kosten einer Integrationsfachkraft bei Vorliegen der sozialhilferechtlichen Voraussetzungen (§§ 53, 54 SGB XII in Verb. m. §§ 55, 56 SGB IX) vom örtlichen Träger der Sozialhilfe übernommen. Möglich sind aber auch Leistungen aus dem persönlichen Budget.

§ 55 SGB IX – Leistungen zur Teilhabe am Leben in der Gemeinschaft

(1) Als Leistungen zur Teilhabe am Leben in der Gemeinschaft werden die Leistungen erbracht, die den behinderten Menschen die Teilhabe am Leben in der Gesellschaft ermöglichen oder sichern oder sie so weit wie möglich unabhängig von Pflege machen und nach den Kapiteln 4 bis 6 nicht erbracht werden.

(2) Leistungen nach Absatz 1 sind insbesondere
1. Versorgung mit anderen als den in § 31 genannten Hilfsmitteln oder den in § 33 genannten Hilfen,
2. heilpädagogische Leistungen für Kinder, die noch nicht eingeschult sind,
3. Hilfen zum Erwerb praktischer Kenntnisse und Fähigkeiten, die erforderlich und geeignet sind, behinderten Menschen die für sie erreichbare Teilnahme am Leben in der Gemeinschaft zu ermöglichen,
4. Hilfen zur Förderung der Verständigung mit der Umwelt,
5. Hilfen bei der Beschaffung, dem Umbau, der Ausstattung und der Erhaltung einer Wohnung, die den besonderen Bedürfnissen der behinderten Menschen entspricht,
6. Hilfen zu selbstbestimmtem Leben in betreuten Wohnmöglichkeiten,
7. Hilfen zur Teilhabe am gemeinschaftlichen und kulturellen Leben.

Teilhabeplanung　Die Erforderlichkeit der Leistung sowie der Leistungsumfang und die erforderliche Qualifikation einer Integrationsfachkraft werden im Rahmen der Teilhabeplanung im Einzelfall (§ 58 SGB XII) vom örtlichen Sozialhilfeträger festgestellt. Die Integrationsfachkraft wird speziell für die Betreuung des Kindes mit Behinderung in der Kindertageseinrichtung eingesetzt und ist in der Regel nicht beim Träger der Einrichtung angestellt. Die Integrationsfachkraft hat die Aufgabe, den behinderungsbedingten heilpädagogischen Mehrbedarf zu kompensieren. Bei der Übernahme der Kosten für eine Integrationsfachkraft handelt es sich um eine ambulante Maßnahme der Eingliederungshilfe.

---

§ 4 Abs. 3 SGB IX — Leistungen zur Teilhabe

(3) Leistungen für behinderte oder von Behinderung bedrohte Kinder werden so geplant und gestaltet, dass nach Möglichkeit Kinder nicht von ihrem sozialen Umfeld getrennt und gemeinsam mit nicht behinderten Kindern betreut werden können. Dabei werden behinderte Kinder alters- und entwicklungsentsprechend an der Planung und Ausgestaltung der einzelnen Hilfen beteiligt und ihre Sorgeberechtigten intensiv in Planung und Gestaltung der Hilfen einbezogen.

Behinderte oder von Behinderung bedrohte Menschen erhalten gem. § 1 SGB IX Leistungen nach diesem Buch und den für die Rehabilitation geltenden Leistungsgesetzen, um die Selbstbestimmung und gleichberechtigte Teilhabe am Leben in der Gesellschaft zu fördern, Benachteiligungen zu vermeiden oder ihnen entgegenzuwirken. Dabei wird den besonderen Bedürfnissen behinderter oder von Behinderung bedrohter Frauen und Kinder Rechnung getragen.

Als teilstationäre Leistung gilt die frühe Hilfe in Form der Förderung in integrativen und heilpädagogischen Tageseinrichtungen für Kinder. Die Finanzierung der Leistung für Kinder mit Behinderung in integrativen Kindertagesstätten und in Förderkindergärten erfolgt durch den Träger der Sozialhilfe. Hinzu kommen gegebenenfalls noch Leistungen der gesetzlichen Krankenversicherung.

Kostenträger

Der Rechtsanspruch auf einen Kindergartenplatz gilt ohne Abstriche auch für Kinder mit Behinderung. Wenn der individuelle Hilfebedarf in einer Regeleinrichtung nicht erfüllt werden kann, muss zur Erfüllung des Rechtsanspruchs ersatzweise ein Platz in einer integrativen oder heilpädagogischen Einrichtung angeboten werden.

Rechtsanspruch für Kinder mit Behinderung

7.8 Beteiligung der Eltern

Gem. § 1 Abs. 3 Nr. 2 SGB VIII hat die Jugendhilfe die allgemeine Verpflichtung, Eltern und andere Erziehungsberechtigte bei der Erziehung zu beraten und zu unterstützen. In § 22 Abs. 2 Nr. 3 SGB VIII wird diese Aufgabe für die Förderung von Kindern in Tageseinrichtungen und in Kindertagespflege konkretisiert: Das Leistungsangebot soll die Erziehung und Bildung in der Familie unterstützen und ergänzen. Die Fachkräfte in Tageseinrichtungen sollen mit den Erziehungsberechtigten zum Wohl der Kinder und zur Sicherung der Kontinuität des Erziehungsprozesses zusammenarbeiten (§ 22a Abs. 2 Nr. 1 SGB VIII), wobei die Erziehungsberechtigten „an den Entscheidungen in wesentlichen Angelegenheiten der Erziehung, Bildung und Betreuung zu beteiligen sind" (Abs. 2, letzter Satz).

Beteiligung ist mehr als bloße Information

Die Zusammenarbeit von Eltern und pädagogischen Fachkräften in der Einrichtung ist für die Unterstützung des wechselseitigen Erziehungsprozesses unabdingbar. Entscheidend ist dabei, dass für das gemeinsame Handeln die jeweiligen Kompetenzen gegenseitig anerkannt werden. Beteiligung bedeutet eine qualifizierte Form der Einflussnahme und zielt auf mehr als bloße Information und Anhörung. Wesentliche Angelegenheiten sind z. B. die Grundsätze des pädagogischen Konzepts, die personelle, sächliche und einrichtungsmäßige Ausstattung und die Öffnungs- und Schließungszeiten.

Elternvertretungen

In den Kita-Gesetzen der Länder finden sich auch Bestimmungen über die Bildung von Elternvertretungen (Elternausschüsse oder Elternbeiräte), die zumeist verpflichtend für alle Einrichtungen vorgesehen und in den meisten Fällen mit Informations-, Anhörungs- und Beratungsrechten ausgestattet sind. Die Kita-Gesetze bzw. entsprechende Ausführungsverordnungen regeln neben den Kompetenzen der Vertretungen auch die Modalitäten der Wahl (aktives und passives Wahlrecht, Ausübung des Stimmrechts, Wahlbekanntmachung, Briefwahl etc.).[34] In einigen Ländern ist darüber hinaus die Wahl örtlicher, überörtlicher sowie landesweiter Elternvertretungen vorgesehen.[35]

---

34 Vgl. § 3 KitaG Rlp und Elternausschuss Verordnung
35 Vgl. § 3 Abs. 4 KitaG Rlp

Kindertagespflege wird gem. 22 Abs. 1 Satz 1 SGB VIII als Leistung der Jugendhilfe von einer geeigneten Tagespflegeperson im eigenen Haushalt oder im Haushalt des Personensorgeberechtigten – d. h. in der Regel in der Wohnung der Eltern
des zu betreuenden Kindes – geleistet.

Im Leistungsbereich besteht die Aufgabe des Jugendamts bei der   *Leistungsumfang*
Kindertagespflege gem. § 23 Abs. 1 SGB VIII in der Vermittlung
des Kindes zu einer geeigneten Tagespflegeperson, deren fachliche Beratung, Begleitung und weitere Qualifizierung sowie die Gewährung einer laufenden Geldleistung.

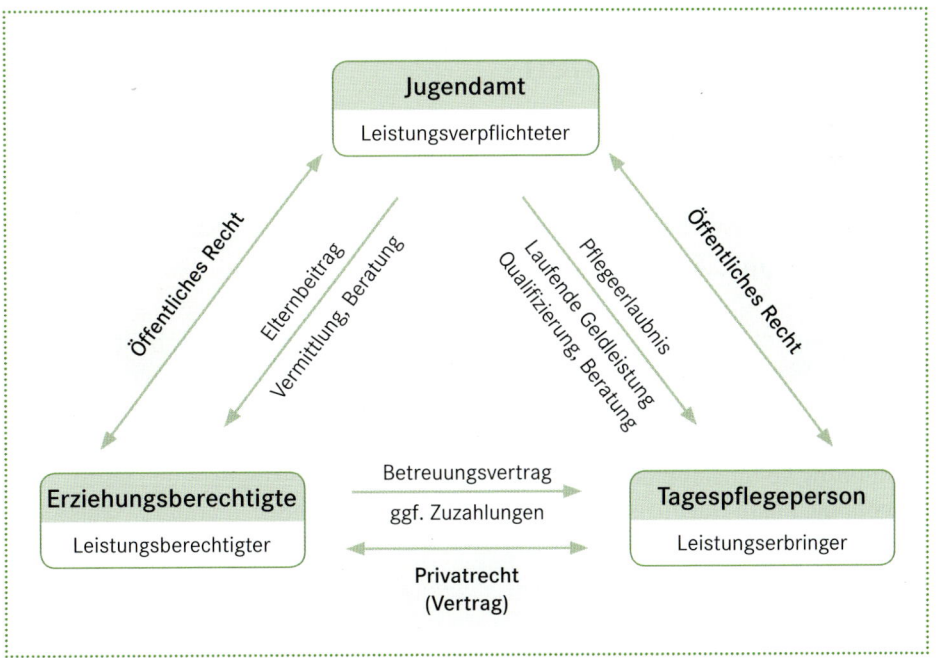

Abb. 5: Sozialrechtliche Rechtsverhältnisse in der Kindertagespflege

Gleichrangiges Angebot

Die Kindertagespflege soll nach dem Willen des Gesetzgebers als gleichrangiges Angebot neben der Förderung von Kindern in Tageseinrichtungen ausgestaltet werden. Der in § 22 Abs. 2 SGB VIII formulierte Erziehungs-, Bildungs- und Betreuungsauftrag gilt in gleicher Weise für Kindertageseinrichtungen und für die Kindertagespflege, soweit sie vom Jugendamt als Jugendhilfeleistung gewährt wird. Dementsprechend hat das Jugendamt auch dafür Sorge zu tragen, dass Umfang und Qualität des gewährten Leistungsangebots diesen Anforderungen entspricht.

Kindertagespflege soll also

- die Entwicklung des Kindes zu einer eigenverantwortlichen und gemeinschaftsfähigen Persönlichkeit fördern,

- die Erziehung und Bildung in der Familie unterstützen und ergänzen und

- den Eltern dabei helfen, Erwerbstätigkeit und Kindererziehung besser miteinander vereinbaren zu können.

8.1 Leistungsvoraussetzungen und Eignungskriterien

Die Geeignetheit von Tagespflegepersonen wird in § 23 Abs. 3 SGB VIII beschrieben.

---

§ 23 SGB VIII – Förderung in Kindertagespflege

(3) Geeignet im Sinn von Absatz 1 sind Personen, die sich durch ihre Persönlichkeit, Sachkompetenz und Kooperationsbereitschaft mit Erziehungsberechtigten und anderen Tagespflegepersonen auszeichnen und über kindgerechte Räumlichkeiten verfügen. Sie sollen über vertiefte Kenntnisse hinsichtlich der Anforderungen der Kindertagespflege verfügen, die sie in qualifizierten Lehrgängen erworben oder in anderer Weise nachgewiesen haben.

Diese Qualifikationserfordernisse werden in § 43 Abs. 2 SGB VIII als Voraussetzung für die Erteilung einer Tagespflegeerlaubnis wiederholt.

Der örtliche Träger (das Jugendamt) hat im Rahmen seiner Be- *Planungsverpflichtung*
darfsplanung das Förderungsangebot so auszugestalten, dass ne-
ben den Kindertageseinrichtungen Betreuungsangebote in Kindertagespflege in
ausreichendem Umfang zur Verfügung stehen. Dies gilt für Kinder im Sinne von
§ 7 Abs. 1 Nr. 1 SGB VIII, also bis zum vollendeten 13. Lebensjahr.

Kinder ab Vollendung des ersten Lebensjahres haben gem. § 24 *Kein Rechtsanspruch auf*
Abs. 2 SGB VIII einen Anspruch auf Förderung in einer Tagesein- *Kindertagespflege ab 3*
richtung für Kinder oder in Kindertagespflege. Der einklagbare *bis Schuleintritt*
Rechtsanspruch auf Betreuung für Kinder ab drei Jahren gem.
§ 24 Abs. 3 SGB VIII bezieht sich dagegen ausdrücklich nur auf die Förderung in
einer Tageseinrichtung, also nicht auf die Kindertagespflege.

Kindertagespflege wird als Leistung der Jugendhilfe gewährt und vom Jugendamt
finanziert, wenn die in § 24 Abs. 1 SGB VIII festgelegten Kriterien der Inanspruchnahme für Kinder unter einem Jahr erfüllt sind oder der Rechtsanspruch gem.
§ 24 Abs. 2 SGB VIII für Kinder ab Vollendung des ersten Lebensjahres geltend
gemacht wird. Wesentlich ist hierbei der individuelle Bedarf. Für Kinder im schulpflichtigen Alter ist Kindertagespflege insbesondere dort anzubieten, wo entsprechende Betreuungskapazitäten in Horten nicht oder nicht in ausreichendem Maße zur Verfügung stehen.

Für Kinder im Alter ab drei Jahren bis zum Schuleintritt sind vor- *Ergänzende Kindertages-*
rangig wohnortnahe Plätze in Kindergärten anzubieten. Wenn die *pflege*
Betreuungszeiten nicht ausreichen, muss Kindertagespflege ergänzend hinzutreten, gegebenenfalls auch, indem die Tagespflegeperson das Kind
aus dem Kindergarten abholt und in ihrer Wohnung oder in der Wohnung des
Kindes oder in ihrer eigenen Wohnung weiter betreut.

Nach § 23 Abs. 4 SGB VIII haben Erziehungsberechtigte und Ta- *Anspruch auf Beratung*
gespflegepersonen Anspruch auf Beratung in allen Fragen der
Kindertagespflege. Es ist Pflichtaufgabe des Jugendamtes, dies sicherzustellen,
und zwar entweder durch eigene fachlich qualifizierte Mitarbeiterinnen und Mitarbeiter oder durch geeignete freie Träger. Die Vermittlung von Tagespflegepersonen im Sinne einer Nachweisbörse reicht nicht aus. Das Jugendamt muss den
Eltern fachlichen Rat anbieten z. B. in der Frage, ob Kindertagespflege für sie die
geeignete Betreuungsform ist, unter welchen Bedingungen die Kindertagespflege
als Leistung des Jugendamtes gewährt wird, welche Qualifikationserfordernisse
die Tagespflegeperson erfüllen muss bis hin zur Ausgestaltung des Betreuungsvertrages. Auch die Tagespflegeperson hat Anspruch auf Beratung, und zwar unabhängig davon, ob sie die Betreuung als Leistung der Jugendhilfe oder als von

den Eltern allein finanziertes Angebot erbringt (vgl. § 43 Abs. 4 SGB VIII). Auch für die Beratung von Tagespflegepersonen ist es möglich, geeignete freie Träger mit dieser Aufgabe zu betrauen und dementsprechend auch finanziell zu fördern.

Förderung von Zusammenschlüssen

Der Beratungs- und Unterstützungsauftrag steht in einem engen Zusammenhang mit der Qualifizierung von Tagespflegepersonen. Darüber hinaus enthält § 23 Abs. 4 SGB VIII ausdrücklich die Verpflichtung des örtlichen Trägers zur Beratung, Unterstützung und Förderung von Zusammenschlüssen von Tagespflegepersonen. Diese Netzwerke tragen zur Weiterentwicklung der Fachlichkeit bei und fördern die gegenseitige Beratung. Eine finanzielle Förderung durch den Träger der örtlichen Jugendhilfe ist insbesondere dann angezeigt, wenn er nicht selbst ausreichende Beratungskapazität zur Verfügung stellt.

Betreuungsmöglichkeit für Ausfallzeiten

§ 23 Abs. 4 SGB VIII enthält außerdem für das Jugendamt die Verpflichtung, für Ausfallzeiten der Tagespflegeperson rechtzeitig eine alternative Betreuungsmöglichkeit für das Kind sicherzustellen. Hier wird dem Grundsatz Rechnung getragen, dass die Kindertagespflege – ebenso wie die institutionellen Betreuungsformen – den Eltern dabei helfen soll, Erwerbstätigkeit und Kindererziehung besser miteinander zu vereinbaren. Eine entsprechende Vorschrift zur Sicherstellung der Betreuung in Ferienzeiten findet sich für die Tageseinrichtungen in § 22a Abs. 3 SGB VIII. Durch vorhandene Netzwerke von Tagespflegepersonen können Vertretungsregelungen geschaffen werden, gegebenenfalls kann kurzzeitig auch auf Betreuungskapazitäten in Kindertageseinrichtungen zurückgegriffen werden. Wichtig ist, dass hier das Jugendamt die Initiative ergreifen muss, damit diese Möglichkeiten geschaffen werden.

8.2 Laufende Geldleistung

Mit der Entscheidung des Jugendamtes, entsprechend dem individuellen Bedarf Kindertagespflege als Jugendhilfeleistung zu gewähren, entsteht die Verpflichtung gegenüber der Tagespflegeperson, die Leistungserbringung angemessen zu bezahlen. Hierzu gehört gem. § 23 Abs. 2 SGB VIII:

- die Erstattung angemessener Kosten für den Sachaufwand der Tagespflegeperson,

- die Festlegung eines angemessenen Geldbetrags als Anerkennung für die Förderungsleistung (Fördersatz für Kindertagespflege) und

- die Erstattung nachgewiesener Aufwendungen für Beiträge zur Unfallversicherung sowie

- die hälftige Erstattung nachgewiesener Aufwendungen zu einer angemessenen Alterssicherung der Tagespflegeperson.

Nachgewiesene Aufwendungen zu einer angemessenen Kranken- und Pflegeversicherung müssen im Rahmen der laufenden Geldleistung ebenfalls zur Hälfte erstattet werden. Da die von den Jugendämtern gezahlten Geldleistungen an Tagespflegepersonen oft zu niedrig angesetzt wurden, hat das Kinderförderungsgesetz (KiföG) von 2008 durch Einfügung von Abs. 2a in § 23 SGB VIII festgelegt, dass der Betrag zur Anerkennung der Förderungsleistung der Tagespflegeperson leistungsgerecht auszugestalten ist.

Die Pflicht des Jugendamts zur Zahlung der laufenden Geldleistung besteht gegenüber der Tagespflegeperson, soweit die Bedarfskriterien gem. § 24 Abs. 1 SGB VIII vorliegen oder die Eltern für ihr Kind ab Vollendung des ersten Lebensjahres gem. § 24 Abs. 2 SGB VIII ihren Rechtsanspruch geltend machen, und zwar unabhängig davon, ob die Tagespflegeperson vom Jugendamt oder von den Eltern im Wege der Selbstbeschaffung ausgesucht wurde. Eine Beteiligung des Jugendamts an den Kosten der Kindertagespflege – etwa über gebundene Zuschüsse an die Eltern – kommt nicht mehr in Betracht.

Tagespflegeperson als Anspruchsinhaber

Die der Tagespflegeperson zu erstattenden Kosten für den Sachaufwand umfassen die aufgrund der Pflegeleistung anfallenden Mehrkosten für den häuslichen Verbrauch (Wasser, Strom, Heizung etc.), Ausgaben für Pflegematerial, Spielmaterialien und Ausstattungsgegenstände sowie Verpflegungskosten. Auch Fahrtkosten und Kosten für die fachliche Weiterbildung können einbezogen werden. Da jedoch Spitzabrechnungen mit Belegen einen hohen Verwaltungsaufwand erfordern, werden von den meisten Jugendämtern die Kosten pro Kind und Tag pauschal festgelegt und mit dem Beitrag zur Anerkennung der Förderungsleistung zu einem einheitlichen Tagespflegegeld zusammengefasst.

Kosten für Sachaufwand

Zu der laufenden Geldleistung gehört außerdem die Erstattung nachgewiesener Beiträge zu einer Unfallversicherung. Tagespflegepersonen, die vom Jugendamt vermittelte Kinder betreuen, sind in der gesetzlichen Unfallversicherung pflichtversichert. Die Tagespflegeperson muss sich bei Aufnahme ihrer Tätigkeit bei dem zuständigen Versicherungsträger anmelden und ist verpflichtet, die zu zahlenden Beiträge selbst zu entrichten. Ein weiterer Bestandteil der laufenden Geldleistung an die Tagespflegeperson ist die jeweils

Erstattungsleistungen

hälftige Erstattung nachgewiesener Aufwendung zu einer angemessenen Alterssicherung sowie zu einer angemessenen Krankenversicherung und Pflegeversicherung.

Elternbeiträge   Für die Inanspruchnahme von Angeboten der Kindertagespflege können nach von den örtlichen Trägern gem. § 90 Abs. 1 SGB VIII Kostenbeiträge festgesetzt werden. Die Elternbeiträge orientieren sich, soweit ersichtlich, an den geltenden Krippenbeiträgen, wobei größere Differenzierungen nach dem Grad der Inanspruchnahme gemacht werden.

8.3   Erlaubnis zur Kindertagespflege

Erlaubnispflicht   Für die Kindertagespflege bedarf es im Prinzip einer Erlaubnis nach § 43 SGB VIII. Allerdings gibt es Ausnahmen: Kindertagespflege, die im Haushalt des Personensorgeberechtigten geleistet wird (§ 22 Abs. 1 S. 2, zweite Alternative SGB VIII – sogenannte Kinderfrauen) ist nicht erlaubnispflichtig. Ebenso ist keine Pflegeerlaubnis notwendig, wenn die Kindertagespflege unentgeltlich oder nur bis zu 15 Stunden pro Woche geleistet wird.

Verwaltungsakt   Die Erteilung der Pflegeerlaubnis ist ein Verwaltungsakt, der nur vom Jugendamt erlassen werden kann. Gemäß § 43 Abs. 2 SGB VIII wird die Erlaubnis erteilt, wenn die Person für die Kindertagespflege geeignet ist. Anschließend werden die Eignungskriterien von § 23 Abs. 3 SGB VIII wiederholt. In der Konsequenz bedeutet dies, dass an alle Tagespflegeverhältnisse, ob sie als Leistung der Jugendhilfe vom Jugendamt finanziert oder privat vereinbart und allein von den Eltern bezahlt werden, die gleichen Anforderungen hinsichtlich der Qualifikation der Tagespflegeperson und der Geeignetheit der Räumlichkeiten gestellt werden müssen.

Für die Kindertagespflege ungeeignet?

Eine ausgebildete Erzieherin will während ihrer Elternzeit als Tagesmutter zwei Kleinkinder regelmäßig von Montag bis Freitag jeweils sieben Stunden in ihrer Wohnung betreuen. Das Jugendamt erklärt, dass sie hierfür eine Pflegeerlaubnis benötigt, und verlangt, dass sie als Eignungsnachweis einen Kurs absolviert, der mit 160 Unterrichtsstunden nach dem Curriculum des Deutschen Jugendinstituts angeboten wird. Die Erzieherin ist der Auffassung, dass ihre Ausbildung und die 5-jährige Berufserfahrung doch wohl als Eignungsnachweis ausreichen sollten

Rechtliche Überlegungen

Für die regelmäßige Betreuung von Kindern benötigt die Erzieherin eine Pflegeerlaubnis nach § 43 SGB VIII. Zuständige Behörde ist das Jugendamt an ihrem Wohnsitz (§ 87a Abs. 1 SGB VIII). Die Erlaubniserteilung ist ein Verwaltungsakt. Die Antragstellerin hat einen Anspruch auf Erteilung der Tagespflegeerlaubnis, wenn sie die gesetzlichen Voraussetzungen erfüllt. Nach § 43 Abs. 2 SGB VIII ist die Erlaubnis zu erteilen, wenn sie für die Kindertagespflege geeignet ist. Nach dieser Vorschrift muss sie sich durch die Persönlichkeit, Sachkompetenz und Kooperationsbereitschaft mit Erziehungsberechtigten und anderen Tagespflegepersonen auszeichnen. Tagespflegepersonen sollen gem. § 43 Abs. 2 Satz 3 SGB VIII über vertiefte Kenntnisse hinsichtlich der Anforderungen der Kindertagespflege verfügen, die sie in qualifizierten Lehrgängen erworben oder auf andere Weise nachgewiesen haben.

Als Erzieherin hat die Antragstellerin durch Ausbildung und Praxis Kenntnisse und Erfahrungen in der Erziehung, Bildung und Betreuung von Kindern erworben. Damit verfügt sie über Kenntnisse, die auch für die Kindertagespflege von Bedeutung sind und die Teil des DJI-Curriculums sind. Andererseits müssen sich Tagespflegepersonen als freiberuflich Tätige auch über steuer- und sozialversicherungsrechtliche Fragen kundig machen. Sie sind Partner des Betreuungsvertrages und tragen Verantwortung, für die im Bereich der Kindertagesstätten die Träger zuständig sind. Insofern ist es berechtigt, dass die Jugendämter auch ausgebildeten Erzieherinnen nicht ohne weiteres die Eignung zur Kindertagespflege zugestehen. Andererseits wird man bei ausgebildeten Erzieherinnen nicht die Teilnahme an dem gesamten Kurs fordern können, da sie einen Teil der Qualifikation durch ihre Ausbildung „in anderer Weise" nachweisen können.

Fazit: Die Erzieherin hat einen Rechtsanspruch auf eine ermessensfehlerfreie Entscheidung, bei der die Vorleistungen aus der Erzieherausbildung angemessen zu berücksichtigen sind.

Das Wohl des Kindes ist ein unbestimmter Rechtsbegriff, der im jeweiligen Zusammenhang ausgefüllt werden muss. Orientierung gibt die UN-Kinderrechtskonvention (siehe Kap. 2.2, S. 18), in der die Dimensionen von Schutz, Fürsorge und Beteiligung aus der Rechtsposition des Kindes näher ausdifferenziert werden.

Im Rahmen der Personensorge ist die Gewährleistung des Kindeswohls und der Schutz des Kindes **Pflicht der Eltern** (Art. 6 Abs. 2 GG, § 1631 Abs. 1 BGB). Die Jugendhilfe unterstützt die Eltern in ihrem Auftrag durch Leistungen und greift in Ausübung ihres Wächteramts (siehe Kap. 2.4, S. 22) bei Gefährdungen zugunsten der Kinder ein.

Kinder haben das Recht auf Förderung ihrer Entwicklung und auf Erziehung zu einer eigenverantwortlichen und gemeinschaftsfähigen Persönlichkeit (§ 1 Abs. 1 SGB VIII), und die Jugendhilfe hat die Aufgabe, zur Verwirklichung dieser Rechte Kinder zu fördern, sie vor Gefahren zu schützen und Eltern bei der Erziehung zu beraten und zu unterstützen (§ 1 Abs. 3 SGB VIII).

Leistungen der Jugendhilfe zur Gewährleistung des Kindeswohls sind:

- Beratungs- und Unterstützungsangebote (§§ 16 ff. SGB VIII) zur Förderung der Erziehung in der Familie,

- Angebote der Erziehung, Bildung und Betreuung in Tageseinrichtungen und in Kindertagespflege (§§ 22 ff. SGB VIII) als Ergänzung der Erziehung in der Familie,

- Ansprüche auf Hilfen zur Erziehung (§§ 27 ff. SGB VIII) als Unterstützung bei Erziehungsschwierigkeiten.

Eingriffsmöglichkeiten der Jugendhilfe zum Schutz des Kindeswohls sind:

- Intervention des Jugendamts durch Inobhutnahme des Kindes (§ 42 SGB VIII) als vorläufige Maßnahme bei Gefährdung des Kindeswohls,

- Mitwirkung des Jugendamtes bei Entscheidungen des Familiengerichts (§ 50 SGB VIII) als Maßnahme zur Unterstützung des Kindes bei schwerwiegenden Gefährdungen.

9.1 Garantenstellung der Kindertagesstätte

Delegation der Aufsichtspflicht

Mit der Aufnahme des Kindes in die Einrichtung übernimmt der Träger die Verantwortung für seine Sicherheit und für sein Wohlergehen. Die Pflicht und das Recht der Eltern, das Kind zu pflegen, zu erziehen, zu beaufsichtigen (§ 1631 Abs. 1 BGB) wird mit dem Betreuungsvertrag auf die Einrichtung delegiert. Die daraus resultierende Aufsichtspflicht wird für den Träger durch die von ihm eingesetzten Mitarbeiterinnen und Mitarbeiter wahrgenommen. Diese werden damit zu einem Garanten für das Kindeswohl in der Einrichtung. Die Gewährleistung des Kindeswohls ist zugleich auch Voraussetzung für die Erteilung und den Bestand der Betriebserlaubnis einer Kindertageseinrichtung. Auch dies begründet eine besondere Verpflichtung der Einrichtung und ihrer Mitarbeiterinnen und Mitarbeiter auf das Kindeswohl. Diese umfasst nicht nur den Schutz vor Gefahren (defensiver Kinderschutz), sondern auch die Verhinderung von Gefährdungen (offensiver Kinderschutz).

9.2 Betriebserlaubnis, Schutz von Kindern in Einrichtungen

Betriebserlaubnis

Träger von Tageseinrichtungen für Kinder benötigen gem. § 45 SGB VIII eine Betriebserlaubnis durch das Landesjugendamt. Diese Erlaubniserteilung gehört gem. § 2 Abs. 3 Nr. 4 SGB VIII zu den „anderen Aufgaben der Jugendhilfe". Das SGB VIII hat die Tagesbetreuung von Kindern als Leistungen für die Personensorgeberechtigten bzw. das Kind konzipiert und in dieser Konsequenz den Schutz von Kindern in Einrichtungen — in Ergänzung der primären Verantwortung der Personensorgeberechtigten — als eine präventiv ausgerichtete, öffentlich verantwortete Kontrolle der Einrichtungen in Form eines Verbots mit Erlaubnisvorbehalt ausgestaltet. Mit anderen Worten: Die regelmäßige Betreuung von Kindern in Gruppen ist verboten, es sei denn, der Träger hat eine Erlaubnis.

Aufsicht und Beratung

Gem. §§ 85 Abs. 2 und 87a Abs. 2 SGB VIII ist der Auftrag „Schutz von Kindern in Einrichtungen" (§§ 45 ff. SGB VIII) dem Landesjugendamt zugewiesen. Er wird ergänzt durch die Aufgabe der Beratung von Trägern und Einrichtungen und der Weiterbildung.

Die Erlaubnispflicht bezieht sich sowohl auf Einrichtungen, in denen Kinder und Jugendliche ganztägig betreut werden (Heime der Jugendhilfe), als auch auf Einrichtungen, in denen Kinder für einen Teil des Tages betreut werden (Kindertageseinrichtungen). Jugendfreizeitheime, Jugendbildungseinrichtungen und Jugendherbergen bedürfen gem. § 45 Abs. 1 S. 2 SGB VIII keiner Erlaubnis. Jugendhotels und kommerzielle Pony- und Reiterhöfe fallen ebenfalls nicht unter den Erlaubnisvorbehalt.

Unter „Einrichtung" wird eine auf eine gewisse Dauer angelegte Verbindung von orts- und gebäudebezogenen sächlichen und persönlichen Mitteln zu einem bestimmten Zweck unter der Verantwortung eines Trägers verstanden. Problematisch wird diese Definition bei Waldkindergärten. Um hier eine Gleichstellung mit anderen Tageseinrichtungen für Kinder zu erreichen, behilft man sich damit, den Gebäudebezug dadurch herzustellen, dass Waldkindergärten in der Regel einen Bauwagen oder ähnliche Schutzgelegenheiten haben.   *Einrichtungsbegriff*

Ziel und Auftrag des Landesjugendamtes beim Schutz von Kindern in Einrichtungen ist die Sicherstellung des Wohls der in den Einrichtungen gem. § 45 SGB VIII betreuten Minderjährigen. Bei dem Begriff „Wohl der Kinder" handelt es sich um einen unbestimmten Rechtsbegriff; er umschreibt die vom Träger der Einrichtung inhaltlich zu erfüllenden Gesamtbedingungen.

Aus dem Auftrag von § 45 SGB VIII „Schutz von Kindern in Einrichtungen" sind die Möglichkeiten des Landesjugendamtes zur aktiven Einflussnahme auf die Einrichtungen zunächst begrenzt auf die Sicherung eines Mindeststandards, der notwendig ist, das Wohl der betreuten Kinder zu gewährleisten. Dieser richtet sich nach der Art des in der Konzeption beschriebenen Angebots und nach den anwendbaren landesgesetzlichen Regelungen. Dementsprechend müssen auch die von anderen Behörden und Stellen festzulegenden Standards für die Sicherheit, den Unfallschutz und die Hygiene am Kindeswohl orientiert sein.

Die Sicherung des Mindeststandards bezieht sich auf alle Einrichtungen der Tagesbetreuung, also auch auf Angebote außerhalb der öffentlichen Förderung. Bei Kindertagesstätten, die als Leistung der Jugendhilfe gem. § 22 Abs. 3 SGB VIII einen umfassenden Auftrag zur Erziehung, Bildung und Betreuung des Kindes haben, werden die Standards höher gesetzt. Neben den bundesrechtlichen Vorgaben der §§ 22 ff.   *Einrichtungen außerhalb der öffentlichen Förderung*

SGB VIII sind hier auch die landesrechtlichen Bestimmungen in den Kita-Gesetzen maßgeblich.

Örtliche Prüfung

Gem. § 46 SGB VIII hat das Landesjugendamt als zuständige Behörde neben der Erteilung der Betriebserlaubnis auch zu überprüfen, ob bei den Einrichtungen die erforderlichen Voraussetzungen weiterbestehen. Die Überprüfungen haben nach herrschender Meinung nicht routinemäßig, sondern nur anlassbezogen zu erfolgen. Andererseits setzt § 46 keinen akuten Anlass, etwa in Form von konkreten Anhaltspunkten für eine Kindeswohlgefährdung, voraus.

Rechtsanspruch auf Erlaubniserteilung

Gem. § 45 Abs. 2 SGB VIII ist die Erlaubnis zu erteilen, wenn das Wohl des Kindes in der Einrichtung gewährleistet ist. Bei Vorliegen der Voraussetzungen hat der Träger einen Rechtsanspruch auf Erteilung einer Betriebserlaubnis. Bei einer Verweigerung der Erteilung der Betriebserlaubnis sowie auch bei deren Rücknahme und Widerruf hat das Landesjugendamt für das Vorliegen von Tatsachen, die belegen, dass das Wohl der Kinder in der Einrichtung nicht gewährleistet ist, die Beweislast.

Das Landesjugendamt muss ggf. dafür sorgen, dass die personellen und sachlichen Bedingungen an die aus der Konzeption abzuleitenden Vorgaben angepasst werden. Ist dies nicht möglich, ist darauf hinzuwirken, dass die Konzeption und z. B. eine darauf hindeutende Bezeichnung (z. B. heilpädagogisch) geändert werden und Kinder, die einer besonderen Förderung bedürfen, nicht aufgenommen werden.

Wesentliche Aufgabe im Kontext der Erlaubniserteilung ist es, in dieser Hinsicht Transparenz für die Nutzer einer Einrichtung zu schaffen. Versagt werden muss die Erlaubnis, wenn die Einrichtung dem vorgegebenen Einrichtungskonzept nicht entsprechen kann und insofern das Kindeswohl gefährden könnte. Die weltanschauliche Grundausrichtung kann nur insoweit eine Nichterteilung der Betriebserlaubnis begründen, als dadurch das Wohl der betreuten Kinder gefährdet wird.

Vorlage der Konzeption

Mit dem Antrag auf Erteilung der Betriebserlaubnis hat der Träger gem. § 45 Abs. 3 SGB VIII der Erlaubnisbehörde die Konzeption der Einrichtung vorzulegen. Daraus muss erkennbar sein, ob die Voraussetzungen für die Erteilung erfüllt sind. Die Konzeption muss unter anderem auch Auskunft geben über Maßnahmen zur Qualitätsentwicklung und -sicherung.

Gem. § 45 Abs. 2 Nr. 1 SGB VIII ist in der Regel anzunehmen, dass *Gewährleistung* das Wohl des Kindes in der Einrichtung gewährleistet ist, wenn *des Kindeswohls* die dem Zweck und der Konzeption der Einrichtung entsprechenden räumlichen, fachlichen, wirtschaftlichen und personellen Voraussetzungen für den Betrieb erfüllt sind.

Wo bleibt die Konzeption?

Bei einem Einrichtungsbesuch in der Kindertagesstätte eines freien Trägers wird von einem Vertreter des Landesjugendamts beanstandet, dass die vorgelegte Konzeption veraltet ist und nicht mehr der Praxis in der Einrichtung entspricht. Er verlangt, dass die Konzeption überarbeitet wird. Der Träger will sich nichts vorschreiben lassen. Welche rechtlichen Argumente kann der Träger und welche das Landesjugendamt vorbringen, und wie ist der Fall zu lösen?

Rechtliche Überlegungen

Nach § 45 Abs. 3 Nr. 1 SGB VIII hat der Träger zur Prüfung der Voraussetzungen für die Erteilung einer Betriebserlaubnis die Konzeption der Einrichtung vorzulegen. Aus § 45 Abs. 2 Nr. 1 SGB VIII ist abzuleiten, dass die Konzeption Auskunft über die räumlichen, fachlichen, wirtschaftlichen und personellen Voraussetzungen der Einrichtung gibt. Die Bedeutung der Konzeption für die Einrichtung wird auch in § 22a Abs. 1 Satz 2 SGB VIII hervorgehoben.

Die Konzeptionen von Tageseinrichtungen für Kinder sollten regelmäßig fortgeschrieben und den veränderten Verhältnissen angepasst werden. Nach § 47 Satz 2 SGB VIII hat der Träger Änderungen der Konzeption der zuständigen Behörde unverzüglich zu melden. Der Verstoß gegen die Meldepflicht kann sogar gem. § 104 SGB VIII mit einem Bußgeld belegt werden.

Konzeption und die tatsächlichen Verhältnisse in der Einrichtung müssen übereinstimmen. Bei wesentlichen Änderungen der räumlichen, fachlichen, wirtschaftlichen oder personellen Voraussetzungen kann das Landesjugendamt die Vorlage einer aktualisierten Konzeption verlangen.

Der Träger der Einrichtung ist Träger der freien Jugendhilfe. Er kann sich auf das Gebot partnerschaftlicher Zusammenarbeit und seine Trägerautonomie berufen, die von der öffentlichen Jugendhilfe zu respektieren ist (§ 4 Abs. 1 SGB VIII).

Der Träger der Einrichtung kann vom Landesjugendamt einen rechtsmittelfähigen Bescheid verlangen, in dem die Forderung rechtlich begründet wird. Das Landesjugendamt wird ihn auf die Pflicht zur Vorlage einer Konzeption als gesetzliche Voraussetzung zur Erteilung einer Betriebserlaubnis verweisen und begründen, warum die Konzeption in wesentlichen Punkten veraltet ist.

Eine veraltete Konzeption wäre wohl kein ausreichender Grund, um einer Einrichtung die Betriebserlaubnis zu entziehen (Gebot der Verhältnismäßigkeit). Allerdings stellt eine Konzeption, die in wesentlichen Punkten von der tatsächlich geübten Praxis abweicht, einen Mangel der Einrichtung dar. Das Landesjugendamt soll in diesem Fall den Träger der Einrichtung über die Möglichkeit zur Abstellung des Mangels beraten (§ 45 Abs. 3 SGB VIII).

Das Landesjugendamt kann dem Träger der Einrichtung eine angemessene Frist einräumen, innerhalb derer er eine den tatsächlichen Verhältnissen entsprechende Konzeption vorlegen muss.

Personelle Voraussetzungen

Zu den personellen Voraussetzungen für die Erteilung einer Betriebserlaubnis gehört, dass eine ausreichende Zahl von persönlich und fachlich geeigneten Erziehungskräften in der Einrichtung tätig sind. Zwar fordert das Bundesrecht bei Einrichtungen nicht ausdrücklich Fachkräfte, es finden sich jedoch in den Bestimmungen der Länder gem. § 49 SGB VIII nähere Konkretisierungen, die den Einsatz von Fachkräften zur Förderungsvoraussetzung machen. Der Personalschlüssel legt die für die jeweilige Angebotsform und Gruppengröße notwendige Anzahl und die Qualifikation der Erziehungskräfte fest.

Eine spezifisch fachliche Eignung der Erziehungskräfte ist immer dann als Bedingung für das Wohl der in der Einrichtung betreuten Minderjährigen anzusehen, wenn die Einrichtung einen entsprechend fachlich definierten Auftrag erfüllen möchte. So können zum Beispiel bei Einrichtungen für Kinder mit Behinderung heilpädagogische Qualifikationen sowie andere spezielle Pädagogik- und Therapieformen für das Kindeswohl erforderlich sein. Je qualifizierter die

Aufgaben der Einrichtung sind, umso höhere Anforderungen sind an die Qualität der Betreuung und die Eignung der Fachkräfte zu stellen.

Bei der Entscheidung über die persönliche Eignung des Fachpersonals ist z. B. zu berücksichtigen:

Persönliche Eignung

- Erziehungsstil,

- Kooperationsbereitschaft mit den Eltern,

- soziale Kompetenz,

- Vorbildfunktion,

- Integrität.

Für den Einsatz geeigneter Fachkräfte in einer Leitungsfunktion ist der Träger verantwortlich. Das Landesjugendamt hat hier zunächst nur eine Beratungsfunktion. Es kann jedoch eingreifen, wenn durch persönlich ungeeignetes Personal das Wohl der Kinder gefährdet wird. Als Aufsichtsbehörde hat es darauf zu achten, dass die in den jeweiligen Landesvorschriften nach Angebotsart unterschiedlich festgelegten Personalschlüssel eingehalten werden und die Maximalwerte für die Gruppengröße nicht überschritten werden.

Trägerverantwortung

In der Einrichtung muss ein für die richtige Förderung des Kindes ausreichendes Raumangebot vorhanden sein, das sich nach der Gruppenzusammensetzung und den Bedürfnissen der unterschiedlichen Altersgruppen richtet. Bei der Raumnutzung und Sachausstattung geht es um ausreichenden Bewegungsraum, Ruhemöglichkeiten, altersgemäße Ausstattung im Innen- und Außenbereich, geeignetes Spielzeug, Bücher und Lernmittel.

Raumangebot

Die Aufsichtsbehörde muss – ggf. im Zusammenwirken mit der Unfallkasse und den Gesundheitsbehörden – auf folgende Punkte besonders achten:

Zusammenarbeit mit anderen Behörden

- Sicherheit der Spielgeräte,

- sachgemäße Möblierung,

- kindgerechte Nasszellen etc.,

- Sicherheit von Arzneischränken.

In Zusammenarbeit mit der Bauaufsicht, den Gesundheitsbehörden, der Unfallkasse und dem Brandschutz ist u. a. zu achten auf:

- sanitäre Anlagen,

- Notausgänge, Sicherheitsverglasung,

- Flucht- und Rettungswege,

- Absicherung von Gruben und anderen Gefahrenstellen,

- Umfriedung des Außengeländes etc.

In Zusammenarbeit mit den Gesundheitsbehörden (Veterinäramt) sind auf die hygienischen Verhältnisse insbesondere im Küchenbereich zu achten.

Im Zuge der „Entbürokratisierung" wurden in vielen Ländern Vorschriften über Raum- und Hygienestandards abgeschafft. Außerdem wurden die Aufgaben der Gesundheits- und Veterinärämter sowie der Brandschutz kommunalisiert. Dies hat zur Folge, dass die Vorgaben der zuständigen Behörden oft regional sehr unterschiedlich sind und teilweise von der Person des Prüfers abhängen.

Wirtschaftliche Verhältnisse

Insbesondere bei kleinen freien Trägern ist zu prüfen, ob die wirtschaftlichen Verhältnisse einen auf Dauer angelegten Betrieb zulassen. Mangelnde finanzielle Reserven des Trägers können die Erteilung einer Betriebserlaubnis infrage stellen. Wichtig ist auch die organisatorische Struktur der Einrichtung, d. h. Öffnungszeiten, Art und Weise der Mahlzeitenversorgung, Sicherstellung einer jederzeit ausreichenden Anzahl von Betreuungskräften, Einhaltung des Personalschlüssels.

Gesellschaftliche und sprachliche Integration

Gem. § 45 Abs. 2 Nr. 2 SGB VIII muss gewährleistet sein, dass die gesellschaftliche und sprachliche Integration in der Einrichtung unterstützt sowie die gesundheitliche Vorsorge und die medizinische Betreuung der Kinder gesichert sind. Von Einrichtungen mit einem hohen Anteil von Kindern mit Migrationshintergrund werden positive Anstrengungen erwartet, um die Integration der Kinder in die deutsche Gesellschaft zu fördern und Abschottungstendenzen zu vermeiden. Als Teil des Bildungsauftrags nach § 22 Abs. 3 Satz 1 SGB VIII sollte für Kinder, deren Muttersprache nicht Deutsch ist, möglichst früh Sprachförderung angeboten werden. Damit ist allerdings nicht ausgeschlossen, dass für Kinder mit Migrationshintergrund auch die Pflege der eigenen Kultur und Sprache in den Kindertagesstätten ermöglicht wird.

Gesundheitliche Vorsorge

Die als Voraussetzung für die Erlaubniserteilung geforderte Sicherung der gesundheitlichen Vorsorge und medizinischen Betreuung in der Einrichtung kann als Erlaubniskriterium nur schwer operationalisiert werden. Sie bietet allenfalls Eingriffsmöglichkeiten bei Einrichtungen, die von Gruppen betrieben werden, die Bluttransfusionen und chirurgische Behandlungen ablehnen. Unzulässig wäre es, unter Berufung auf § 45 Abs. 2 Nr. 2 SGB VIII seitens der Erlaubnisbehörde eine Impfpflicht für Kinder einzuführen, die eine Kindertagesstätte besuchen wollen.

Die Betriebserlaubnis ist ein Verwaltungsakt. Darunter versteht man eine Verfügung, Entscheidung oder andere hoheitliche Maßnahme, die eine Behörde zur Regelung eines Einzelfalles auf dem Gebiet des öffentlichen Rechts trifft und die auf unmittelbare Rechtswirkung nach außen gerichtet ist.[36] Sie erfolgt in der Regel schriftlich[37] und wird, wenn kein Rechtsbehelf (Widerspruch, Klage) eingelegt wird, nach einem Monat bestandskräftig. Der VA muss eine Rechtsbehelfsbelehrung enthalten, die den Betroffenen darüber informiert, in welcher Form und mit welcher Frist bei welcher Stelle Widerspruch eingelegt oder Klage eingereicht werden muss.

Verwaltungsakt

Eine fehlende oder unrichtige Rechtsbehelfsbelehrung macht den Verwaltungsakt nicht rechtsunwirksam, sie führt aber dazu, dass sich die Rechtsmittelfrist von einem Monat auf ein Jahr verlängert.[38] Der VA kann mit dem Rechtsbehelf des Widerspruchs[39] angefochten werden. Es handelt sich dabei um ein behördliches Vorverfahren. Wird dem Widerspruch nicht abgeholfen, kann gegen die ablehnende Entscheidung Klage beim örtlich zuständigen Verwaltungsgericht erhoben werden.

Das Landesjugendamt ist verpflichtet, den Erlaubnis-VA zu erteilen, wenn die Einrichtung geeignet ist. Die Betriebserlaubnis ist – ebenfalls mit einem Verwaltungsakt – zurückzunehmen oder zu widerrufen, wenn zusätzlich zur Gefährdung des Kindeswohls der Träger nicht bereit oder in der Lage ist, die Gefährdung abzuwenden. Von Rücknahme spricht man, wenn die Erteilung der Betriebserlaubnis von Anfang an rechtswidrig war. Die Erlaubnis wird widerrufen, wenn die Voraussetzungen für die Erteilung nicht mehr vorliegen.

Widerruf oder Rücknahme

Der Grundsatz der Verhältnismäßigkeit gebietet es, den Träger der Einrichtung zunächst über die Möglichkeiten zur Abstellung der Mängel zu beraten. Der Widerruf einer Betriebserlaubnis ist auch möglich, wenn die Mängel durch eine der beteiligten Behörden und Stellen

Beratung und Mängelbeseitigung

36 § 35 S. 1 Verwaltungsverfahrensgesetz (VwVfG)
37 Vgl. § 37 VwVfG
38 Vgl. § 58 Verwaltungsgerichtsordnung (VwGO)
39 Vgl. § 68 VwGO: In einigen Bundesländern ist das Vorverfahren abgeschafft worden. Der Rechtsweg geht dann bei einem Widerspruch unmittelbar zum Verwaltungsgericht.

festgestellt und nicht behoben wurden. In der Praxis wird das Landesjugendamt vorher eine entsprechende Auflage erteilen und es so dem Träger ermöglichen, diese zu erfüllen oder im Widerspruchsverfahren rechtlich überprüfen zu lassen.

Entscheidung bei Gefahr im Verzug

Bei Gefahr im Verzug ist dagegen ein sofortiger Widerruf der Betriebserlaubnis angezeigt. Widerspruch und Anfechtungsklage gegen die Rücknahme oder den Widerruf der Erlaubnis haben gem. § 45 Abs. 2 Satz 7 SGB VIII keine aufschiebende Wirkung, das heißt, die Einrichtung darf ab sofort nicht mehr betrieben werden. Hiergegen kann sich der Träger gem. § 80 Abs. 5 VwGO mit einem Antrag auf Anordnung der aufschiebenden Wirkung beim Verwaltungsgericht zur Wehr setzen.

Persönliche Eignung, Zuverlässigkeit

Der Träger ist verpflichtet, Personal einzusetzen, das nicht nur fachlich geeignet ist, sondern auch für die Arbeit mit Kindern die persönliche Eignung besitzt. Zu den Sorgfaltspflichten gehört es, dass sich der Träger vor der Einstellung von Mitarbeitern ein Führungszeugnis vorlegen lässt.

Führungszeugnis

Als Führungszeugnis bezeichnet man einen Auszug aus dem Bundeszentralregister. Das Bundesamt der Justiz führt ein elektronisches Zentralregister über alle rechtskräftigen Entscheidungen der deutschen Strafgerichte und gibt Auskünfte an die Justiz und die Polizei (Vorstrafen). Auf Antrag kann sich jede Person ab 14 Jahren ein Führungszeugnis ausstellen lassen (§ 30 Bundeszentralregistergesetz BZRG) und, wenn keine Eintragungen aufgeführt sind, nachweisen, dass er nicht vorbestraft ist. Ist jemand (vor)bestraft, werden die wichtigsten Angaben aus der ergangenen rechtskräftigen Verurteilung, zum Beispiel das Datum der Verurteilung sowie das Gericht und das Geschäftszeichen, die Straftat und die Höhe der festgesetzten Strafe (Freiheitsstrafe oder Geldstrafe) vermerkt.

Erweitertes Führungszeugnis

Allerdings werden in einem Führungszeugnis nicht ohne weiteres alle Verurteilungen aufgenommen. Sogenannte kleinere Erstverurteilungen zu Geldstrafe von nicht mehr als 90 Tagessätzen oder zu einer Freiheitsstrafe von nicht mehr als 3 Monaten werden in der Regel nicht im Führungszeugnis aufgeführt, obwohl sie beim Bundeszentralregister eingetragen sind. Auch zur Bewährung ausgesetzte Jugendstrafen von bis zu zwei Jahren werden in der Regel nicht in ein Führungszeugnis eingetragen.

Seit dem 1. Mai 2010 gibt es das erweiterte Führungszeugnis, das speziell für Personen gedacht ist, die beruflich oder ehrenamtlich mit der Beaufsichtigung, Betreuung, Erziehung oder Ausbildung Minderjähriger befasst sind (§ 30a BZRG).

In einem erweiterten Führungszeugnis werden auch kleinere Verurteilungen aufgeführt, soweit es sich um Delikte handelt, die für den Kinder- und Jugendschutz besonders relevant sind. Hierzu gehören Sexualdelikte, z. B. wegen der Verbreitung, des Erwerbs oder des Besitzes kinderpornografischer Schriften nach § 184b StGB sowie nach den für den Schutz von Kindern und Jugendlichen ebenfalls besonders relevanten Straftatbeständen der Verletzung der Fürsorge oder Erziehungspflicht gem. § 171 StGB und der Misshandlung von Schutzbefohlenen gem. § 225 StGB. Über die Erteilung der Betriebserlaubnis ist sicherzustellen, dass der Träger gem. § 72a SGB VIII keine Personen einstellt, die wegen einer der Katalogstraftaten des erweiterten Führungszeugnisses rechtkräftig verurteilt worden sind.

Träger sind verpflichtet, sich bei Einstellung und in regelmäßigen Abständen zu vergewissern, dass die von ihnen eingesetzten Mitarbeiterinnen und Mitarbeiter keine Vorstrafen haben, die ihre persönliche Zuverlässigkeit in Zweifel ziehen. Hierzu gehört, dass sie von ihren Mitarbeiterinnen und Mitarbeitern, die bei ihrer Arbeit regelmäßig Kontakt mit Kindern haben und – wenn auch nur gelegentlich – mit ihnen allein sind, etwa alle fünf Jahre ein erweitertes Führungszeugnis anfordern.

Sollten Eintragungen im (erweiterten) Führungszeugnis vorhanden sein, sind diese gem. § 47 SGB VIII unverzüglich der Aufsichtsbehörde (Erlaubnisbehörde) anzuzeigen.

Mitteilungspflicht bei Eintragungen

Allerdings bietet auch ein erweitertes Führungszeugnis nicht die absolute Gewähr für die persönliche Zuverlässigkeit, da in ihr nur rechtskräftige Verurteilungen aufgeführt sind. Bei Ermittlungsverfahren, die durchaus schon Anlass für arbeitsrechtliche Reaktionen der Träger und aufsichtsrechtliche Maßnahmen des Landesjugendamtes sein können, ist die Staatsanwaltschaft im Prinzip verpflichtet, den Träger und die Erlaubnisbehörde zu informieren. Nicht selten wird die Vorschrift[40] jedoch übersehen.

Handlungsbedarf bei Ermittlungsverfahren

Wenn Tatsachen die Annahme rechtfertigen, dass die Leiterin einer Einrichtung oder eine Mitarbeiterin die für ihre Tätigkeit erforderliche Eignung nicht besitzt, kann das Landesjugendamt gem. § 48 SGB VIII eine Tätigkeitsuntersagung aussprechen. Diese richtet sich jedoch nicht unmittelbar gegen die Beschäftigte, sondern gegen den Träger der Einrichtung. Die Voraussetzungen sind im Gesetz recht vage gefasst und lassen der Behörde einen Beurteilungsspielraum. Möglich ist eine Tätigkeitsuntersagung insbesondere bei

Tätigkeitsuntersagung

40 Anordnung über Mitteilungen in Strafsachen (MiStra) Nr. 27 Abs. 1 Ziff. 2

Verfehlungen gegenüber den Kindern. Sie ist jedoch nur dann angebracht, wenn der Träger selbst auf die Verfehlung nicht oder nicht angemessen reagiert hat. Die Tätigkeitsuntersagung ist kein Berufsverbot gegenüber der Beschäftigten. Sie ist nur auf die fachliche und persönliche Eignung für eine bestimmte Tätigkeit in der Einrichtung abzustellen. Der Träger kann die Beschäftigte in anderen Bereichen weiterbeschäftigen. Die Tätigkeitsuntersagung ist ein Verwaltungsakt mit Drittwirkung und kann daher – unabhängig vom Träger als Adressaten – auch von der Betroffenen angefochten werden.

Meldepflichten

Zum Schutz von Kindern in Einrichtungen gehören auch die Meldepflichten des Trägers gem. § 47 SGB VIII. Bei der Betriebsaufnahme müssen Name und Anschrift der Einrichtung, die Zahl der verfügbaren Plätze sowie der Name und die berufliche Ausbildung des Leiters und der Betreuungskräfte an das Jugendamt gemeldet werden (§ 47 Nr. 1 SGB VIII). Die Behörde hat so die Möglichkeit, zu überprüfen, ob die personelle Ausstattung der Einrichtung von Anfang an der beantragten Betriebserlaubnis entspricht. Außerdem ist der Träger gem. § 47 Nr. 2 SGB VIII verpflichtet, während des laufendes Betriebs Ereignisse und Entwicklungen, die das Wohl des Kindes beeinträchtigen können, unverzüglich der Erlaubnisbehörde, also dem Landesjugendamt, zu melden.

Straf- und Bußgeld-
vorschriften

Dem Erlaubnisvorbehalt in § 45 SGB VIII wird wegen seiner Bedeutung für das Kindeswohl durch Straf- und Bußgeldvorschriften Nachdruck verliehen. Wer ohne Erlaubnis nach § 45 Abs. 1 SGB VIII ein Kind betreut, handelt ordnungswidrig und kann mit einer Geldbuße bis zu 500 Euro belegt werden (§ 104 SGB VIII). Wird durch die Handlung leichtfertig ein Kind in seiner körperlichen, geistigen oder sittlichen Entwicklung schwer gefährdet oder wird die Handlung vorsätzlich beharrlich wiederholt, droht eine Freiheitsstrafe bis zu einem Jahr oder Geldstrafe (§ 105 SGB VIII).

Vorverurteilt?

Ein Junge kommt weinend aus dem Kindergarten nach Hause und behauptet, eine Erzieherin habe ihn geschlagen. Die empörten Eltern beschweren sich beim Landesjugendamt und fordern es auf, der Erzieherin die Tätigkeit zu untersagen. Wie kann man den Eltern anhand des SGB VIII erklären, was eine Tätigkeitsuntersagung ist und unter welchen Voraussetzungen das Landesjugendamt eine solche Maßnahme ergreifen kann?

Rechtliche Überlegungen

Hier ist es wichtig, den § 48 SGB VIII genau zu lesen (ein Blick ins Gesetz erleichtert die Rechtsfindung). Die Tätigkeitsuntersagung ist eine Maßnahme der Kita-Aufsicht *gegen den Träger*. Es müssen Tatsachen die Annahme rechtfertigen, dass der Erzieherin die erforderliche Eignung für die Tätigkeit fehlt. Das kann sich sowohl auf die fachliche als auch auf die persönliche Eignung beziehen. Wenn eine Erzieherin ein Kind schlägt, wäre dies mit dem Gebot der gewaltfreien Erziehung (§ 1631 Abs. 1 BGB – s. Kap. 19.7, S. 142) unvereinbar. Allerdings reicht die bloße Behauptung des Kindes oder auch der Eltern nicht aus. Der Vorfall muss durch Tatsachen, z. B. durch das Eingeständnis der Erzieherin, die glaubhafte Aussagen Dritter (Kinder, andere Erzieherinnen, Eltern) oder durch entsprechende Spuren bestätigt worden sein. Aber auch dann kann das Landesjugendamt als Aufsichtsbehörde noch keine Tätigkeitsuntersagung aussprechen, denn diese richtet sich gem. § 48 SGB VIII gegen den Träger der Einrichtung. Zunächst ist daher zu fragen, ob der Träger richtig reagiert hat. Wenn er selber ausreichende Maßnahmen ergriffen hat (Kündigung, Abmahnung, Supervision je nach Fall) ist eine Tätigkeitsuntersagung nicht notwendig. Erst wenn der Träger nicht adäquat reagiert, ist eine Tätigkeitsuntersagung in Betracht zu ziehen.

9.3 | Schutzauftrag nach § 8a SGB VIII

Gewährleistung
des Kindeswohls

Nach § 1 Abs. 3 Nr. 3 SGB VIII hat die Jugendhilfe den Auftrag, Kinder und Jugendliche vor Gefahren für ihr Wohl schützen. Der Schutz von Kindern bei der Förderung in Tageseinrichtungen wird in erster Linie durch den Träger gewährleistet und durch die Erlaubnis- und Überprüfungspraxis des Landesjugendamtes (§§ 45 ff. SGB VIII) sichergestellt (siehe Kap. 9.2, S. 80).

Staatliches Wächteramt

Soweit die Gefährdungen des Kindeswohls außerhalb der Kindertageseinrichtung vorkommen, gelten zunächst die allgemeinen Vorschriften des Kinder- und Jugendschutzes. Der Staat hat aufgrund seines Wächteramtes über die Ausübung des elterlichen Sorge (Art. 6 Abs. 2 Satz 2 GG, § 1 Abs. 2 Satz 2 SGB VIII) zu wachen, Verletzungen des Kindeswohls vorzubeugen, Gefahren abzuwehren und, wenn Kindeswohlverletzungen eingetreten sind, alle Anstrengungen zu unternehmen, diese zu kompensieren. Im Einzelfall gilt hier der Grundsatz der Verhältnismäßigkeit. Leistungen zur Unterstützung der elterlichen Erziehungsverantwortung (§§ 27 ff. SGB VIII) haben Vorrang vor staatlichen Eingriffen in das Elternrecht.

Als letzte Möglichkeit (*ultima ratio*) sind auch Eingriffe in das elterliche Sorgerecht nach § 1666 BGB möglich und im Einzelfall auch geboten (siehe Kap. 2.4, S. 21, und Kap. 14.8, S. 143), etwa bei

- missbräuchlicher Ausübung der elterlichen Sorge,

- Vernachlässigung des Kindes,

- unverschuldetem Versagen der Eltern oder

- Verhalten eines Dritten.

Zuständigkeit
des Familiengerichts

Für Entscheidungen nach § 1666 BGB ist gem. § 621 Abs. 1 Nr. 1 Zivilprozessordnung (ZPO) das Familiengericht zuständig. Zu den gerichtlichen Maßnahmen gem. § 1666 BGB zur Abwendung der Gefahr gehören neben der teilweisen oder vollständigen Entziehung der elterlichen Sorge unter anderem auch Gebote, öffentliche Hilfen (wie z. B. Leistungen der Kinder- und Jugendhilfe und der Gesundheitsfürsorge) in Anspruch zu nehmen, sowie Gebote, für die Einhaltung der Schulpflicht zu sorgen. In dem neu geschaffenen § 157 FamFG[41] wurde zudem die „Erörterung der Kindeswohlgefähr-

---

41 Gesetz über das Verfahren in Familiensachen und in den Angelegenheiten der freiwilligen Gerichtsbarkeit (FamFG) von 2009

dung" eingeführt. Damit wird den Gerichten und Jugendämtern ein Instrument an die Hand gegeben, bereits im Vorfeld einer Kindeswohlgefährdung mit den Eltern und in geeigneten Fällen auch mit dem Kind[42] die Probleme gemeinsam zu erörtern, wobei auf die Autorität und Überzeugungskraft der Familienrichterin bzw. des Familienrichters gesetzt wird. Zu diesen Erörterungen können auch die betreuenden Fachkräfte der Kita des Kindes beratend hinzugezogen werden.

§ 8a SGB VIII regelt in erster Linie, wie das Jugendamt mit seinem Schutzauftrag bei Kindeswohlgefährdungen umzugehen hat. Im Rahmen dieses Auftrages hat es auch sicherzustellen, dass es darin durch die Leistungserbringer unterstützt wird. Mit der Änderung durch das Bundeskinderschutzgesetz 2012 wurde deutlich gemacht, dass Einrichtungen und Dienste – und dazu zählen auch die Kindertageseinrichtungen der freien und kommunalen Träger – einen eigenständigen[43], ihren Aufgaben und Möglichkeiten entsprechenden Schutzauftrag haben.

Schutzauftrag des Jugendamts

---

§ 8a SGB VIII – Schutzauftrag bei Kindeswohlgefährdung

(4) In Vereinbarungen mit den Trägern von Einrichtungen und Diensten, die Leistungen nach diesem Buch erbringen, ist sicherzustellen, dass
1. deren Fachkräfte bei Bekanntwerden gewichtiger Anhaltspunkte für die Gefährdung eines von ihnen betreuten Kindes oder Jugendlichen eine Gefährdungseinschätzung vornehmen,
2. bei der Gefährdungseinschätzung eine insoweit erfahrene Fachkraft beratend hinzugezogen wird sowie
3. die Erziehungsberechtigten sowie das Kind oder der Jugendliche in die Gefährdungseinschätzung einbezogen werden, soweit hierdurch der wirksame Schutz des Kindes oder Jugendlichen nicht infrage gestellt wird.

In die Vereinbarung ist neben den Kriterien für die Qualifikation der beratend hinzuzuziehenden, insoweit erfahrenen Fachkraft insbesondere die Verpflichtung aufzunehmen, dass die Fachkräfte der Träger bei den Erziehungsberechtigten auf die Inanspruchnahme von Hilfen hinwirken, wenn sie diese für erforderlich halten, und das Jugendamt informieren, falls die Gefährdung nicht anders abgewendet werden kann.

---

42 Für das Kind wird in der Regel ein Verfahrensbeistand (§ 158 FamFG) bestellt.
43 Nach der Fassung des § 8a SGB VIII bis zum In-Kraft-Treten des Bundeskinderschutzgesetzes sollten Einrichtungen und Dienste den Schutzauftrag „in entsprechender Weise" wie das Jugendamt wahrnehmen.

Kindeswohlgefährdung   Normadressat des Schutzauftrags sind die Träger der öffentlichen Jugendhilfe. § 8a Abs. 4 SGB VIII begründet daher für die Träger von Tageseinrichtungen für Kinder keine gesetzlichen Verpflichtungen. Die Verbindlichkeit wird erst über Vereinbarungen hergestellt. Hier hat der Gesetzgeber jedoch den Inhalt im Wesentlichen festgelegt. Die folgend dargestellten Schritte sollen die Träger in ihren Einrichtungen bei gewichtigen Anhaltspunkten für eine Kindeswohlgefährdung verbindlich machen. Schritte bei einer vermuteten Kindeswohlgefährdung:

- **Gefährdungseinschätzung** der Fachkräfte (aufgrund von Wahrnehmung von Mitarbeiterinnen der Einrichtung, von anderen Eltern, Spielkameraden oder von anderen Dritten),

- Hinzuziehung einer qualifizierten, **insoweit erfahrenen Fachkraft,**

- **Einbeziehung der Eltern und des Kindes,** soweit damit der Kinderschutz nicht infrage gestellt wird,

- **Hinwirken** der Fachkräfte auf die Inanspruchnahme von **für erforderlich gehaltene Hilfen,**

- **Information des Jugendamts,** wenn die Gefährdung nicht anders abgewendet werden kann.

Die mit dem Kinder- und Jugendhilfeweiterentwicklungsgesetz (KICK) 2005 eingeführten und durch das Bundeskinderschutzgesetz 2012 noch einmal geänderten Bestimmungen in § 8a SGB VIII schaffen keinen neuen Rechtszustand, sondern legen die auch schon früher geltenden fachlichen Standards für den Umgang des Jugendamts mit Kindeswohlgefährdungen fest und klären in diesem Zusammenhang die Rolle der (freien) Träger von Einrichtungen. Zu den in Abs. 4 genannten Trägern, bei denen das Jugendamt durch Vereinbarungen sicherzustellen hat, dass deren Fachkräfte den Schutzauftrag wahrnehmen, gehören auch die Träger von Tageseinrichtungen für Kinder, soweit sie die Erziehung, Bildung und Betreuung als Leistung der Jugendhilfe erbringen. Indikator hier ist die öffentliche Förderung bzw. die Aufnahme in die Bedarfsplanung.

Nicht betroffen von Vereinbarungen nach § 8a Abs. 4 SGB VIII sind privat-kommerzielle Kinderbetreuungseinrichtungen außerhalb der Bedarfsplanung und ohne staatliche Förderung. Diese haben jedoch aufgrund des mit den Eltern abgeschlossenen Betreuungsvertrages die Verpflichtung übernommen, das Wohl des Kindes zu gewährleisten. Zwar gilt diese vertragliche Fürsorgepflicht nur für die Zeit der Betreuung in der Einrichtung, sie kann aber nicht losgelöst von Wohlergehen des Kindes in der Familie gesehen werden. Es kann daher als vertragliche Nebenpflicht angesehen werden, die anvertrauten Kinder vor Gefahren für

ihr Wohl zu schützen und Anhaltspunkten von Kindeswohlgefährdungen nach-
zugehen.

Kindertageseinrichtungen haben für Kindeswohlgefährdungen eine wichtige
Frühwarnfunktion. Dauer, Kontinuität und Intensität des Kontak-
tes der Erzieherinnen mit dem Kind ermöglichen eine umfassende Beobachtung und Wahrnehmung auch von Anhaltspunkten,
die auf eine körperliche, psychische oder soziale Gefährdung hin-
deuten. Der Auftrag gem. § 22 SGB VIII (Erziehung, Bildung und
Betreuung) bezieht sich auf die soziale, emotionale, körperliche und geistige Entwicklung des Kindes, d. h., das pädagogische Handeln orientiert sich am Wohl des
Kindes. Dazu gehört auch der Schutz des Kindes vor Gefahren, die von außerhalb
der Kindertageseinrichtung kommen. Der aus dem Elternrecht und dem Betreuungsvertrag abgeleitete Erziehungsauftrag gebietet im Prinzip eine Zusammenarbeit der Fachkräfte mit den Eltern (vgl. § 22 Abs. 2 Nr. 1 SGB VIII). In Bezug auf
Kindeswohlgefährdungen ist daher in der pädagogischen Arbeit vor allem auf
präventive und kompetenzstärkende Elternarbeit zu setzen. Hier ist die Kooperation mit der Fachberatung, Beratungsstellen für den Kinderschutz und Einrichtungen der Familienbildung angezeigt.

Frühwarnfunktion von Kindertageseinrichtungen

In akuten Gefährdungssituationen reicht aber oft das Elternge-
spräch, die Empfehlung, eine Beratungsstelle aufzusuchen oder
eine Angebot der Familienbildung wahrzunehmen, nicht aus. § 8a
SGB VIII schafft im Zusammenhang mit den abzuschließenden Vereinbarungen
eine höhere Verbindlichkeit für die Fachkräfte, sich der Situation zu stellen und
gegebenenfalls durch Einschaltung von Kinderschutzdiensten oder des Jugendamtes die Gefahr abzuwenden. Sie verpflichten die Träger, bei gewichtigen Anhaltspunkten für die Gefährdung eines von ihnen betreuten Kindes eine (kolle-
giale) Gefährdungseinschätzung vorzunehmen und dabei eine erfahrene Fachkraft
beratend hinzuzuziehen, mit der das Gefährdungsrisiko abgeschätzt und die notwendigen und geeigneten weiteren Schritte bestimmt werden. Bei der Auswahl
der Fachkraft ist darauf zu achten, dass diese die Fachlichkeit für die Einschätzung der im Einzelfall in Betracht kommenden Gefährdung besitzt. In die Vereinbarungen sind gem. § 8a Abs. 4 Satz 2 SGB VIII Kriterien für die Qualifikation der
beratend hinzuziehenden Fachkraft aufzunehmen. Wichtig ist dabei, dass die
insoweit erfahrene Fachkraft neben Kenntnissen und Erfahrungen bei der Bewer-
tung von Anhaltspunkten für eine Kindeswohlgefährdung und möglicher Hilfe-
arten auch Einblicke in die Spezifika des Kita-Bereichs hat.

Insoweit erfahrene Fachkraft

Die Vereinbarungen nach § 8a SGB VIII sollen die Verpflichtung
enthalten, dass bei einer positiven Gefährdungseinschätzung die

Auf die Annahme von Hilfen hinwirken

Eltern und das Kind nach Möglichkeit einbezogen werden und die Fachkräfte bei den Eltern auf die Annahme der erforderlichen Hilfe hinwirken. Gemeint sind hier Hilfen zur Erziehung gem. § 27 ff. SGB VIII. Die Fachkräfte sollen abschätzen, welche Hilfeart (z. B. Erziehungsberatung oder sozialpädagogische Erziehungshilfe) geeignet ist. Die Vereinbarungen nach § 8a SGB VIII enthalten keine Verpflichtung der Kindertagesstätte, selber Hilfe anzubieten.

Einschaltung des Jugendamts als letztes Mittel

Das Jugendamt ist erst dann zu informieren, wenn die Gefährdung nicht anders abgewendet werden kann. Die Einschaltung des Jugendamtes steht also erst am Ende eines Klärungsprozesses. Bei Gefahr im Verzug ist allerdings das Jugendamt sofort einzuschalten. Mit § 8a SGB VIII wird klargestellt, dass in Fällen von (vermuteter) Kindeswohlgefährdung die Weitergabe personenbezogener Daten an das Jugendamt keinen Verstoß gegen den Datenschutz darstellt. Die Einbeziehung der Eltern kann unterbleiben, wenn hierdurch der wirksame Schutz des Kindes infrage gestellt wird.

Andere Regeln bei Kindeswohlgefährdung in der Einrichtung

§ 8a SGB VIII regelt das Vorgehen bei vermuteten oder evidenten Kindeswohlgefährdungen außerhalb der Einrichtung. Wenn das Wohl des Kindes während des Aufenthalts in der Einrichtung — etwa durch übergriffiges Verhalten von Erziehungskräften oder Gefährdungen durch Spielgefährten oder durch Außenstehende — beeinträchtigt wird, muss der Träger unmittelbar zum Schutz des Kindes eingreifen und gem. § 47 Nr. 2 SGB VIII unverzüglich die Erlaubnisbehörde (Landesjugendamt) einschalten.

Erziehung zur Verantwortung?

Eine Familie gibt viel auf die Selbständigkeit ihrer Kinder. Der gerade erst sechs Jahre alte Sohn wird nicht von ihnen abgeholt, sondern darf mit seiner dreijährigen Schwester nach dem Kindergarten allein nach Hause gehen. Der Heimweg führt über drei Hauptverkehrsstraßen.

Die Kita-Leitung hat Bedenken. Auch die Gruppenerzieherin ist der Auffassung, der Junge sei mit der Aufgabe überfordert. Sie bestehen darauf, dass die Kinder von den Eltern oder von anderen bevollmächtigten Erwachsenen abgeholt werden.

Rechtliche Überlegungen

Es kommt nicht selten vor, dass die Erzieherinnen andere Einschätzungen zu den Fähigkeiten eines Kindes haben als die Eltern. Dabei muss es nicht unbedingt darum gehen, wessen Einschätzung die richtige ist. Kinder können sich im Kindergarten anders verhalten als im familiären Kontext.

Die **Eltern** haben als Inhaber des Erziehungsrechts (§ 1 Abs. 2 SGB VIII) die Verantwortung für ihre Kinder, die sie mit dem Betreuungsvertrag auf den Träger der Einrichtung übertragen haben. Dieser hat gem. § 9 Nr. 1 SGB VIII die von den Eltern bestimmte Grundrichtung zu beachten.

Andererseits ist es Aufgabe der **Kindertagesstätte**, die Kinder vor Gefahren zu schützen (§ 1 Abs. 3 Nr. 3 SGB VIII). Dieser Auftrag bezieht sich primär auf den Aufenthalt der Kinder in der Einrichtung. Obwohl die Kita keine Aufsichtspflicht für die Kinder auf dem Heimweg hat, bleibt ein Rest von Verantwortung, der sich auch darin ausdrückt, dass die Kinder auf dem Heimweg gesetzlich unfallversichert sind. Der Versicherungsschutz ist gefährdet, wenn die Eltern grob fahrlässig und gegen den Rat der Kita ihre Kinder ohne Begleitung verantwortungsvoller Aufsichtspersonen nach Hause gehen lassen.

Wenn Kita und Eltern derartig unterschiedliche Erziehungsvorstellungen und Einschätzungen haben, stellt sich darüber hinaus die Frage, ob eine Zusammenarbeit zum Wohl der Kinder und zur Sicherung der Kontinuität des Erziehungsprozesses (§ 22a Abs. 2 Nr. 1 SGB VIII) möglich ist. Dabei sollte auch eine Kündigung des Betreuungsvertrages nicht ausgeschlossen sein. Vorher sollte jedoch in einem gründlichen Gespräch mit den Eltern versucht werden, die Position der Kita nachvollziehbar zu machen.

Wenn ein Kind aus der Kindertagesstätte wegläuft, sich beim Spiel verletzt oder einen Unfall erleidet, stellt sich schnell die Frage nach der Verantwortung. Wer hat nicht aufgepasst? Wer hätte das verhindern müssen? Wer hat Schuld?

Dimensionen	Folgen
Ärger mit den Eltern	Störung der vertrauensvollen Zusammenarbeit
Ärger mit dem Arbeitgeber (Träger)	Abmahnung, Kündigung
Zivilrechtliche Verantwortung	Schadensersatz, Schmerzensgeld
Strafrechtliche Verantwortung	Ermittlungsverfahren, Hauptverhandlung, Verurteilung

Tab. 1: Dimensionen und Folgen bei der Verletzung der Aufsichtspflicht

Die Frage der Aufsichtspflicht stellt sich aber nicht erst dann, wenn ein Kind einen Unfall erleidet. Zur Fachlichkeit von Erzieherinnen und Erziehern gehört es, Gefahren für die Kinder zu erkennen und die gebotenen Maßnahmen zu treffen, damit es erst gar nicht zu einem Unfall kommt.

10.1 Entstehung der Aufsichtspflicht

Die Pflicht zur Aufsicht obliegt primär den Eltern. Sie ist Teil der Personensorge, die gem. § 1631 Abs. 2 BGB auch die Pflicht und das Recht umfasst, das Kind zu beaufsichtigen. Für die Dauer der Betreuung in der Kindertagesstätte wird die Aufsicht und die Gewährleistung des Kindeswohls mit dem Betreuungsvertrag auf den Träger übertragen.

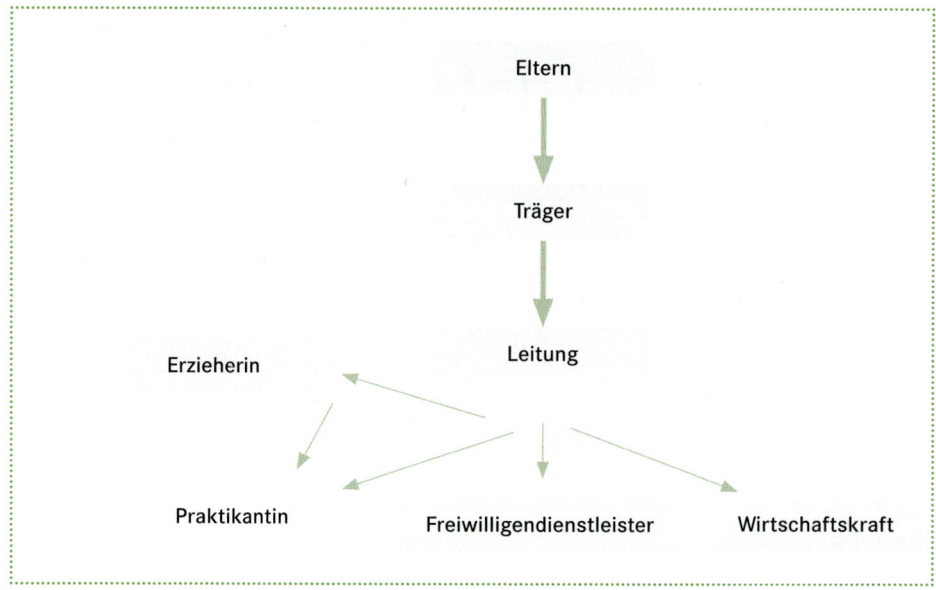

Abb. 6: Delegation der Aufsichtspflicht

Delegation der Aufsicht   Der Träger beauftragt die Einrichtungsleitung. Diese behält die Gesamtverantwortung, kann aber durch den Dienstplan die Aufsicht für die Gruppe oder durch Anweisung für einzelne Kinder an die Erzieherinnen delegieren. Zivildienstleistende, Praktikanten und Wirtschaftskräfte werden in der Regel durch die Einrichtungsleitung eingesetzt, und ihnen können Teilaufgaben der Aufsicht übertragen werden. Als Praxisanleiterinnen können Erzieherinnen auch ihre Praktikanten zur Aufsicht bestimmen.

Eignung bei Übertragung   Wer die ihm obliegende Aufsichtspflicht an andere delegiert (Trä-
der Aufsicht   ger, Leitung, Praxisanleiterin), muss sicherstellen, dass diese Person für die konkreten Aufgaben der Aufsichtsführung geeignet ist. Hier kommt es nicht unbedingt auf die Ausbildung an, sondern darauf, ob die Person der Aufgabe gewachsen ist. Eine Praktikantin, die schon lange in der Einrichtung gearbeitet hat, kann Gefährdungssituationen möglicherweise sogar besser einschätzen, als eine Erzieherin mit Berufserfahrung, die erst neu in der Einrichtung ist. Wenn die Leiterin der Einrichtung oder Erzieherinnen Praktikanten, Freiwilligendienstleistende, Eltern oder andere Personen mit der Aufsicht beauftragen, geschieht dies in der Regel mündlich und situativ. Auch ein mündlich erteilter Auftrag ist verbindlich.

Der Umfang eines Auftrags an geeignete und in erforderlichem Maß angeleitete Personen hängt davon ab,

- wie weit diese die Kinder der Gruppe kennen und deren Verhalten einzuschätzen wissen,

- ob sie zu echter Kooperation mit der verantwortlichen Erzieherin bereit sind,

- wie oft und wie lange sie bereits in der Einrichtung mitgearbeitet haben und

- welche Erfahrung sie gesammelt haben.

Aber auch hier bleibt die Person, welche die Aufsicht delegiert, in der Verantwortung. Eine der Situation angemessene Überwachung ist immer noch erforderlich.

10.2 Beginn und Ende der Aufsichtspflicht

Die Aufsicht über die Kinder beginnt grundsätzlich zu Beginn der Öffnungszeit mit dem Betreten des Kindergartengeländes und endet mit dem Verlassen der Einrichtung. Auf den Wegen zwischen dem Kindergarten und dem häuslichen Bereich sind die Eltern aufsichtspflichtig, soweit hierfür nicht im Einzelfall die Aufsicht durch andere autorisierte Aufsichtspersonen übernommen wird. Wenn ein Kind – aus welchem Grund auch immer – nicht zum vereinbarten Zeitpunkt abgeholt wird, muss es auch über die Öffnungszeit hinaus in der Einrichtung betreut werden. Die Erzieherinnen dürfen das Kind auf keinen Fall alleine lassen oder unbegleitet auf den Heimweg schicken.

Problematisch ist es, wenn Eltern der Auffassung sind, ihr Kind könne allein vom Kindergarten nach Hause gehen, die Erzieherinnen aber aufgrund Ihrer Einschätzung der Reife des Kindes und der Gefährlichkeit des Heimwegs ernste Bedenken haben. Wenn hier ein klärendes Gespräch nicht hilft, muss die Einrichtung auf der Abholung des Kindes durch die Eltern bestehen und notfalls den Betreuungsvertrag kündigen (siehe Kap. 9.3).

10.3 Inhalt der Aufsichtspflicht

Aufsicht bedeutet nicht, dass die Kinder vom pädagogischen Personal ständig überwacht und kontrolliert werden müssen. Im Laufe ihrer Entwicklung haben Kinder ein wachsendes Verlangen nach selbständigem, eigenverantwortlichem Handeln, und es ist ein Ziel der Erziehung im Sinne von §§ 1 Abs. 1, 22 Abs. 2 Nr. 1 SGB VIII, die Autonomie der

Keine Überwachung auf Schritt und Tritt

Kinder zu fördern. Kinder brauchen Freiräume, bei denen ein sofortiges Eingreifen eines Aufsichtspflichtigen nur eingeschränkt möglich und nötig ist.

Maßstäbe für die Aufsichtspflicht

Die Maßstäbe für Inhalt und Umfang der Aufsichtspflicht sind gesetzlich nicht bestimmt. Sie richten sich im jeweiligen Einzelfall nach Umständen, die in der Person des Kindes liegen. Hierzu zählen Alter, Reifegrad, körperliche und geistige Entwicklung und Erfahrungsstand. Für gefahrengeneigte Situationen (Schwimmbadbesuch, Waldspaziergang) und die Benutzung gefährlicher Spielgeräte (Laufräder, Rutsche, Klettergerüst) kann es manchmal sinnvoll sein, Altersbegrenzungen festzulegen. Dennoch muss bei einer Gefährdungseinschätzung auch die Gruppensituation, das individuelle Verhalten und der Entwicklungsstand einzelner Kinder berücksichtigt werden. Daneben spielt die augenblickliche konkrete Lebenssituation (neu aufgenommen oder bereits seit längerer Zeit im Kindergarten) oder die örtliche Gegebenheit eine wichtige Rolle. Es kann daher für die Frage nach dem Umfang der Aufsichtspflicht keine einfachen Faustregeln geben. Auch die vorschnelle Übernahme einzelfallbezogener Rechtsprechung ist problematisch.

Die Pflicht zur Aufsicht soll pädagogisch sinnvolle und erforderliche Handlungsspielräume nicht einschränken und zu keinem schematischen Handeln führen. In der täglichen Arbeit mit den Kindern bestimmen eigenes pädagogisches Wissen und Situationskenntnis das Maß der notwendigen Aufsicht. Ob sich ein Verhalten als Verletzung der Aufsichtspflicht darstellt, kann daher nicht grundsätzlich beantwortet werden, sondern beurteilt sich nach den Gegebenheiten des konkreten Falles.

Gastkinder

Die Aufsichtspflicht als Nebenpflicht des Erziehungsauftrags ist Teil der Personensorge und damit der Betreuung des Kindes in allen Bereichen seiner persönlichen Angelegenheiten. Die Eltern übertragen die Aufsicht über das Kind mit dem Betreuungsvertrag auf den Träger der Einrichtung. Dieser übernimmt mithilfe seiner Mitarbeiterinnen und Mitarbeiter die Aufsicht für die Zeit, in der sich das Kind in der Einrichtung befindet. Auch wenn Kinder ohne schriftlichen Vertrag z. B. als Gastkinder in die Einrichtung aufgenommen werden, entsteht für den Träger eine Verpflichtung zur Beaufsichtigung.

10.4 Zivilrechtliche Haftung

Mit der Übernahme der Aufsicht entsteht auch die Verpflichtung, die anvertrauten Kinder vor Schäden jeder Art zu bewahren. Eine spezielle Norm für den daraus folgenden Haftungsgrundsatz gibt es im BGB nicht. Es gilt daher zunächst die allgemeine Vorschrift des § 823 BGB über die Schadensersatzpflicht bei vorsätzlichem oder fahrlässigem Handeln.

§ 823 BGB — Schadensersatzpflicht

(1) Wer vorsätzlich oder fahrlässig das Leben, den Körper, die Gesundheit, die Freiheit, das Eigentum oder ein sonstiges Recht eines anderen widerrechtlich verletzt, ist dem anderen zum Ersatz des daraus entstehenden Schadens verpflichtet. (...)

Die Pflicht umfasst Ansprüche auf Schadensersatz (§ 249 BGB) und Schmerzensgeld (§ 253 Abs. 2 BGB). Allerdings sind Träger und Mitarbeiterinnen aufgrund der gesetzlichen Unfallversicherung der Kinder in der Regel von der Ersatzpflicht freigestellt (vgl. Kap. 10.3).

Die Beaufsichtigung des Kindes dient auch dem Schutz Dritter.   *Schutz Dritter*
Diese sollen vor Schäden, die das Kind anrichten könnte, bewahrt
werden. Nach § 832 BGB haften Aufsichtspflichtige zivilrechtlich für den Schaden, den die ihnen zur Aufsicht unterstellten Kinder anderen Personen, z. B. anderen Erzieherinnen oder Spielkameraden, widerrechtlich zufügen.

§ 832 BGB — Haftung des Aufsichtspflichtigen

(1) Wer kraft Gesetzes zur Führung der Aufsicht über eine Person verpflichtet ist, die wegen Minderjährigkeit oder wegen ihres geistigen oder körperlichen Zustandes der Beaufsichtigung bedarf, ist zum Ersatz des Schadens verpflichtet, den diese Person einem Dritten widerrechtlich zufügt. Die Ersatzpflicht tritt nicht ein, wenn er seiner Aufsichtspflicht genügt oder wenn der Schaden auch bei gehöriger Aufsichtsführung entstanden sein würde.

(2) Die gleiche Verantwortlichkeit trifft denjenigen, welcher die Führung der Aufsicht durch Vertrag übernimmt.

In Kindertageseinrichtungen hat der Träger die Aufsichtspflicht durch Vertrag übernommen. Ihn trifft also nach Abs. 2 die gleiche Verantwortlichkeit wie die Eltern.

Trägerhaftung Haftungsansprüche richten sich primär gegen den Träger. Dieser haftet auch für die Erziehungskräfte, die er für die Erfüllung des Betreuungsvertrages eingesetzt hat (Erfüllungsgehilfen, § 278 BGB). Ansprüche können also sowohl gegen die Aufsichtspflichtigen als auch gegen den Träger gerichtet werden. Wenn die Aufsicht pflichtgemäß erfolgt ist oder der Schaden auch bei genügender Aufsicht eingetreten wäre, besteht kein Schadensersatzanspruch. Die Beweispflicht liegt bei den Aufsichtspflichtigen.

Haftpflichtversicherung Zur Abwehr von Haftungsansprüchen Dritter haben die Träger in der Regel eine Betriebshaftpflichtversicherung. Erzieherinnen können ihr Haftungsrisiko durch eine Berufs- bzw. Diensthaftpflichtversicherung abdecken oder ihre bestehende Privathaftpflichtversicherung entsprechend ausweiten. Diese wird allerdings nur für Sachschäden und für Personenschäden Dritter benötigt. Für Personenschäden bei den betreuten Kindern wirkt die gesetzliche Unfallversicherung (siehe Kap. 10.5) wie eine Haftpflichtversicherung.

10.5 Gesetzliche Unfallversicherung nach SGB VII

Alle Kinder sind unfallversichert Kinder sind während des Besuchs von Tageseinrichtungen[44] nach § 2 Abs. 1 Nr. 8a SGB VII (Gesetzliche Unfallversicherung) gesetzlich unfallversichert. Der Versicherungsschutz bezieht sich auf alle Einrichtungen, die einer Betriebserlaubnis gem. § 45 SGB VIII bedürfen.[45] Er erstreckt sich auch auf Kinder, die als „Besuchskinder" mit Erlaubnis der Einrichtung vorübergehend mitbetreut werden. Es genügt aber nicht, wenn ein Kind sich „irgendwie" in der Einrichtung aufhält. Es muss mit Zustimmung, d. h. mit Wissen und Wollen des Trägers der Einrichtung bzw. des von ihm beauftragten Personals „in die Betreuung" der Tageseinrichtung aufgenommen worden sein. Art und Zeitdauer des Aufenthaltes müssen also zwischen Eltern und Kindergarten abgesprochen werden. Eine schriftliche Vereinbarung ist nicht zwingend erforderlich.

Wegeunfall Der gesetzliche Versicherungsschutz umfasst nach § 8 SGB VII auch die direkten Wege von und zur Kindertageseinrichtung, von der Einrichtung zu einer externen Veranstaltung und von dort zurück oder nach

---

44 Die gesetzliche Unfallversicherung war bis 1997 auf Kinder in Kindergärten beschränkt und gilt heute auch für Krippen- und Hortkinder sowie Kinder in Kindertagespflege. Gerichtsentscheidungen zu Schadensersatz- und Schmerzensgeldansprüchen aus dem Krippen- und Hortbereich vor 1997 können heute nicht mehr herangezogen werden (Haftungsprivileg).
45 Die gesetzliche Unfallversicherung gilt auch für Schüler und Studenten.

Hause (Wegeunfall). Umwege sind nicht versichert, es sei denn, es wird noch ein anderes Kind aus der Kita abgeholt oder nach Hause gebracht. Der Versicherungsschutz besteht unabhängig davon, ob das Kind zu Fuß oder mit einem Verkehrsmittel gebracht wird und unabhängig von der Frage, ob das Kind den Weg im Rahmen einer Fahrgemeinschaft zurücklegt.

Die gesetzliche Unfallversicherung erbringt die Ersatzleistung für Körperschäden bei Kindern und wirkt insoweit für die Erzieherinnen wie eine Haftpflichtversicherung. Nach §§ 104, 105 SGB VII haften weder der Träger, noch die Erzieherinnen oder die Kinder untereinander für Personenschäden, die sich im Rahmen einer Betreuung in einer Kindertageseinrichtung ereignen. Man spricht in diesem Zusammenhang von einem Haftungsprivileg von Einrichtungsträgern und Mitarbeiterinnen in der Tagesbetreuung von Kindern. Der Gesetzgeber hat diese Schadensersatzansprüche ausgeschlossen, um zum harmonischen Ablauf des Betriebs der Einrichtung und zur Befriedung in der Erziehungspartnerschaft beizutragen. Langwierige Streitigkeiten um Ersatzansprüche, die eine vertrauensvolle Zusammenarbeit zwischen Eltern, Erzieherinnen und Träger der Einrichtung verhindern könnten, sollen vermieden werden.

Unfallversicherung als Haftpflichtversicherung

Die gesetzliche Unfallversicherung tritt auch dann für den Schaden ein, wenn der Unfall von der Aufsichtspflichtigen vorsätzlich herbeigeführt wurde. Für den Geschädigten übernimmt der Unfallversicherungsträger die Heilungskosten. Er kann bei vorsätzlicher oder grob fahrlässiger Herbeiführung des Schadens die verantwortliche Person in Regress nehmen, also das Geld teilweise oder ganz zurückverlangen. Grob fahrlässig handelt, wer die erforderliche Sorgfalt nach den gesamten Umständen in ungewöhnlich hohem Maß verletzt und unbeachtet lässt (ständige Rechtsprechung der Obergerichte OLG und BGH). Als Faustformel kann man sagen: „Die Erzieherin hat nicht beachtet, was in der Situation jedem anderen hätte einleuchten müssen". In der Praxis sind derartige Regressfälle kaum bekannt.

Regress ist absolute Ausnahme

Für Sachschäden, z. B. an Gegenständen oder Kleidungsstücken, die den Kindern gehören, gilt das Haftungsprivileg nicht. Eine Ausnahme gibt es bei medizinischen Hilfsmitteln. Wenn zum Beispiel eine Brille fahrlässig beschädigt oder zerstört wird, tritt die Unfallkasse für den Schaden ein und stellt die verantwortliche Person von der Ersatzpflicht frei.

Kein Haftungsprivileg bei Sachschäden

Bei gewöhnlichen Sachschäden besteht die Schadensersatzpflicht schon dann, wenn die verantwortliche Person nur fahrlässig gehandelt oder fahrlässig eine ihm obliegende Pflicht nicht beachtet

Ersatzpflicht schon bei Fahrlässigkeit

hat. Hier empfiehlt sich der Abschluss einer privaten Haftpflichtversicherung, wobei viele Träger für ihre Mitarbeiterinnen und Mitarbeiter eine solche abgeschlossen haben, die in einem Schadensfall die Kosten für den Ersatz von Gegenständen oder Kleidung des Kindergartenkindes oder eines Dritten übernimmt.

Steine werfende Kinder

Wenn Kinder über den Zaun der Einrichtung Steine auf parkende Autos werfen und Schäden verursachen, kommt eine Schadensersatzpflicht dann in Betracht, wenn der Schaden bei gehöriger Aufsicht hätte vermieden werden können. Eine lückenlose Überwachung „auf Schritt und Tritt" wird dabei jedoch nicht gefordert. Wenn allerdings eine erkennbare Gefahrensituation für fremdes Eigentum besteht, wird von den Gerichten ein Schadensersatzanspruch aufgrund der Aufsichtspflichtverletzung angenommen. Schadensersatzpflichtig sind dann sowohl der Träger als auch die Erzieherin (als Erfüllungsgehilfin), wobei der Anspruch zumeist gegenüber dem Träger geltend gemacht wird. Dieser hat bei grober Fahrlässigkeit die Möglichkeit, die Erzieherin (Arbeitnehmerin) in Regress zu nehmen.

10.6 Ansprüche auf Schadensersatz gegen Kinder

Die **Kinder** müssen für Handlungen, die zu einem Personenscha-   *Deliktsfähigkeit*
den eines anderen Kindes führen, in der Regel nicht eintreten.   *des Kindes*
Kinder unter 7 Jahren haften mangels Deliktsfähigkeit[46] grundsätzlich nicht (§ 828 Abs. 1 BGB). Für Kinder und Jugendliche vom 7.–18. Lebensjahr gilt die volle Haftung nur, wenn der Minderjährige die notwendige Einsichts-
fähigkeit besitzt (§ 828 Abs. 3 BGB). Kinder haften gem. § 828 Abs. 2 BGB für von
ihnen bei einem Unfall mit einem Kraftfahrzeug, einer Schienenbahn oder einer
Schwebebahn verursachte Schäden erst ab der Vollendung des 10. Lebensjahres.

---

§ 828 BGB — Haftung Minderjähriger

(1) Wer nicht das siebente Lebensjahr vollendet hat, ist für einen Schaden, den er einem anderen zufügt, nicht verantwortlich.

(2) Wer das siebente, aber nicht das zehnte Lebensjahr vollendet hat, ist
für den Schaden, den er bei einem Unfall mit einem Kraftfahrzeug, einer
Schienenbahn oder einer Schwebebahn einem anderen zufügt, nicht verantwortlich. Dies gilt nicht, wenn er die Verletzung vorsätzlich herbeigeführt hat. (...)

Wenn ein nicht deliktfähiges Kind einen Schaden verursacht, tritt in der Regel
auch nicht die Haftpflichtversicherung der Eltern ein. Der Geschädigte bleibt auf
seinem Schaden hängen. Eltern und andere Aufsichtspflichtige (z. B. Erzieherinnen) können jedoch zum Schadensersatz für Drittschäden herangezogen werden,
wenn die Verletzung der Aufsichtspflicht ursächlich für den entstandenen Schaden war, wenn der Schaden also bei gehöriger Aufsichtsführung nicht entstanden
wäre (z. B. Steine werfende Kinder).

---

46 Bei der Deliktsfähigkeit geht es um Fragen des Schadensersatzes bei unerlaubter Handlung, also
um zivilrechtliche Ansprüche, nicht etwa um Strafbarkeit
47 Oberlandesgericht Koblenz, Urteil vom 21.06.2012–1 U 1086/11

10.7 Strafrechtliche Verantwortung von Aufsichtspflichtigen

Pflicht zum Handeln bei Garantenstellung

Wenn aufgrund einer **Aufsichtspflichtverletzung** ein Kind einen Körperschaden erleidet, kann das auch strafrechtliche Folgen haben. In der Regel wird die Strafbarkeit an eine Handlung, also an ein aktives Tun geknüpft. Unter bestimmten Umständen kann jemand aber auch ein Verletzungsdelikt durch Unterlassen begehen. Dies ist dann der Fall, wenn der Täter aufgrund seiner Garantenstellung eine Pflicht zum Handeln hat. Allerdings kann nicht jede Unaufmerksamkeit zu einer strafrechtlichen Verantwortung führen. In Betracht kommen die Straftatbestände, die zur Verletzung der körperlichen Unversehrtheit oder zum Tode führen. Aufsichtspflichtige sind Beschützergaranten. Sie müssen dafür einstehen, dass das ihnen anvertraute Kind vor Verletzungen und Tod bewahrt wird.

> **§ 229 StGB – Fahrlässige Körperverletzung**
>
> Wer durch Fahrlässigkeit die Körperverletzung einer anderen Person verursacht, wird mit Freiheitsstrafe bis zu drei Jahren oder mit Geldstrafe bestraft.
>
> **§ 222 StGB – Fahrlässige Tötung**
>
> Wer durch Fahrlässigkeit den Tod eines Menschen verursacht, wird mit Freiheitsstrafe bis zu fünf Jahren oder mit Geldstrafe bestraft.

Fahrlässigkeit und Vorwerfbarkeit

Eine Verletzung der Aufsichtspflicht kann dann die Strafbarkeit begründen, wenn die Aufsicht führende Erzieherin fahrlässig gegen ihre Pflichten verstoßen hat und zumutbare Vorkehrungen zur Vermeidung eines Unfalls nicht getroffen hat. Sie muss die nach den Umständen gebotene Sorgfalt außer Acht gelassen haben (objektives Element der Fahrlässigkeit) und nach ihren individuellen Kenntnissen und Fähigkeiten auch in der Lage gewesen sein, die erforderliche Sorgfalt zu erbringen (subjektives Element der Vorwerfbarkeit). Wenn sie die Aufsicht sorgfältig wahrgenommen hat und es trotzdem zu einem Unfall kommt, wird dies in der Regel nicht zu strafrechtlichen Konsequenzen führen. Auch unter strafrechtlichen Gesichtspunkten ist eine lückenlose Überwachung nicht gefordert, es sei denn, die Kinder bewegen sich in ungewöhnlich gefährlichen Situationen.

Jugendamt und Landesjugendamt   11

Die Aufgaben der Kinder- und Jugendhilfe werden auf der örtlichen Ebene durch das Jugendamt und auf der überörtlichen Ebene durch das Landesjugendamt wahrgenommen. Während die Jugendämter als Behörden in die kommunalen Strukturen eingebunden sind, sind die Landesjugendämter in der Regel Landesbehörden[48]. Die Jugendämter gehören zur kommunalen Selbstverwaltung in der Verantwortung der Kreise und Städte. Die Landesjugendämter sind Landesbehörden und den Jugendämtern nicht übergeordnet und können ihnen keine Anweisungen geben. Für die Leistungen und die Erfüllung anderer Aufgaben ist das Jugendamt zuständig (§ 85 Abs. 1 SGB VIII), soweit es nicht ausdrücklich im Gesetz anders bestimmt ist (Vermutung der Allzuständigkeit).

Die Aufgaben des Landesjugendamts als überörtlicher Träger sind in § 85 Abs. 2 SGB VIII abschließend geregelt. Gegenüber den Jugendämtern hat das Landesjugendamt eine Beratungs- und Unterstützungsfunktion.

11.1 Organisation und Aufgaben des Jugendamts

Aufgaben und Organisation des Jugendamtes werden in ihren Grundzügen durch das SGB VIII bestimmt. Weitere Vorgaben enthalten daneben die Landesausführungsgesetze, die immer ergänzend herangezogen werden müssen. Hinzu kommen die Vorschriften des Kommunalverfassungsrechts der Länder (die Gemeindeordnungen) sowie die örtlichen Satzungen.

Gem. § 69 Abs. 3 SGB VIII errichtet jeder örtliche Träger der öffentlichen Jugendhilfe für die Wahrnehmung der Aufgaben nach dem SGB VIII ein Jugendamt. Hier sollen alle Aufgaben der Kinder- und Jugendhilfe in einer einheitlichen Behörde gebündelt werden.[49] Bundes-

Zweigliedrigkeit der Behörde

---

48 Lediglich in Nordrhein-Westfalen und in Baden-Württemberg werden die Landesjugendämter den höheren Kommunalverbänden (Landschaftsverband, Kommunalverband) zugewiesen.

49 In der Praxis werden zunehmend Jugendämter mit anderen Behörden (Sozialamt, Schulamt) zusammengelegt oder Aufgaben der Jugendhilfe auf verschiedene Behörden verteilt. Hier zeigt sich

gesetzlich ist festgelegt, dass das Jugendamt als zweigliedrige Behörde auszugestalten ist (§ 70 Abs. 1 SGB VIII). Jugendhilfeausschuss und Verwaltung bilden die beiden Glieder der Organisationseinheit Jugendamt. Insoweit unterscheidet sich das Jugendamt von den übrigen Bereichen der Kommunalverwaltung, bei denen es eine klare Trennung zwischen Behörde und Ausschuss gibt und sich die stimmberechtigten Mitglieder der Ausschüsse ausschließlich aus den Mitgliedern der Gemeindevertretung rekrutieren.

Jugendhilfeausschuss

Dem Jugendhilfeausschuss (JHA) gehören mit Stimmrecht zu drei Fünfteln Vertreterinnen und Vertreter der Gemeindevertretung[50] an, während zwei Fünftel der stimmberechtigten Mitglieder auf Vorschlag der freien Träger gewählt werden. Hierbei sind die Vorschläge der Jugendverbände und der Wohlfahrtsverbände angemessen zu berücksichtigen (§ 71 Abs. 1 Nr. 2 SGB VIII). Dem JHA gehören außerdem Mitglieder mit beratender Stimme aus den unterschiedlichen gesellschaftlichen Bereichen an. Hierzu gehören in der Regel Behördenleiter, Vertreter von Gerichten, Schulen, Kirchen, Agentur für Arbeit, Polizei, Gesundheitsamt, Ausländerbeiräten usw.

Der JHA befasst sich mit den aktuellen Problemlagen junger Menschen und ihrer Familien, macht Anregungen und Vorschläge für die Weiterentwicklung der Jugendhilfe und berät über die Jugendhilfeplanung und die Förderung der freien Jugendhilfe (§ 71 Abs. 1 SGB VIII).

Eigenes Beschlussrecht

Im Rahmen der vom Rat bereitgestellten finanziellen Mittel, der Gemeindesatzung und der Ratsbeschlüsse hat der JHA ein eigenes Beschlussrecht. Der Rat hat bei der Zuweisung von Mitteln zu berücksichtigen, dass der Träger der öffentlichen Jugendhilfe seiner Gesamtverantwortung gerecht werden muss und die Gewähr dafür zu bieten hat, dass die zur Erfüllung ihrer gesetzlichen Aufgaben erforderlichen und geeigneten Einrichtungen, Dienste und Veranstaltungen rechtzeitig und ausreichend zur Verfügung stehen (§ 79 SGB VIII).

---

eine bedenkliche Tendenz, durch strukturelle Änderungen im Verwaltungsbereich die Gesamtverantwortung des Jugendamtes aufzulösen und die Entscheidungsmöglichkeiten des Jugendhilfeausschusses zu beschneiden.

50 Wörtlich heißt es in § 71 Abs. 1 Nr. 1 „Mitglieder der Vertretungskörperschaft des Trägers der öffentlichen Jugendhilfe". Gemeint sind damit die Mitglieder der Beschlussgremien der Städte, der Landkreise und der kreisangehörigen Städte mit eigenem Jugendamt.

Das Aufgabengebiet des Jugendamts als „pädagogische Behörde" umfasst die

- Übernahme der öffentliche Verantwortung für das Aufwachsen von jungen Menschen,

- Planung und Organisation von Sozialleistungen besonderer Art (Sozialisationsleistungen),

- Verwirklichung des Rechts junger Menschen auf Entwicklung und Entfaltung.

Es arbeitet als Leistungs- und Eingriffsbehörde.

Leistung	Eingriff
Beratung	Inobhutnahme
Förderung von Kindern in Tageseinrichtungen	Mitwirkung in familiengerichtlichen Verfahren
Hilfen zur Erziehung ■ Sozialpädagogische Familienhilfe ■ Pflegefamilie ■ Heim	Verbot mit Erlaubnisvorbehalt ■ Erlaubnis zur Vollzeitpflege ■ Tagespflegeerlaubnis
Förderung von Jugendverbänden	Betriebserlaubnis (Landesjugendamt)

Tab. 2: Aufgabengebiete des Jugendamts

Zu den wichtigsten Aufgaben des Jugendamts im Bereich der **Tagesbetreuung von Kindern** gehören:

- Gesamtverantwortung (§ 79 SGB VIII),

- Realisierung des Förderungsauftrags (§ 22a SGB VIII),

- Erfüllung des Rechtsanspruchs und Gewährleistung eines bedarfsgerechten Angebots (§ 24 SGB VIII),

- Bedarfsplanung (§ 80 SGB VIII),

- Finanzierungsförderung (§§ 74, 74a SGB VIII und Landesrecht),

- partnerschaftliche Zusammenarbeit mit freien Trägern (§ 4 SGB VIII).

11.2 Organisation und Aufgaben des Landesjugendamtes

Das kommunale Jugendamt findet gem. § 70 Abs. 3 SGB VIII seine Entsprechung in dem auf Länderebene einzurichtenden Landesjugendamt. Auch hier handelt es sich um eine zweigliedrige Behörde mit Verwaltung und Landesjugendhilfeausschuss, in dem neben den Abgeordneten des Länderparlaments ebenfalls Mitglieder mit vollem Stimmrecht beteiligt sind, die von freien Trägern vorgeschlagen werden. Daneben gibt es − je nach Landesrecht − beratende Mitglieder aus den Fachbehörden und den unterschiedlichen gesellschaftlichen Bereichen.

Beratungsauftrag — Das Landesjugendamt hat als überörtlicher Träger im Wesentlichen eine Beratungs- und Anregungsfunktion sowie Aufgaben in der Fortbildung (vgl. § 85 Abs. 2 SGB VIII).

Das Landesjugendamt kann als Landesbehörde den Jugendämtern als örtlichen Trägern, die sich auf das kommunale Selbstverwaltungsrecht berufen können, in Fragen der Ausführung des SGB VIII weder Anweisungen erteilen noch ein bestimmtes Verhalten vorschreiben. Auch die freien Träger, die auf ihre Trägerautonomie pochen können, handeln im eigenen Auftrag und sind an keine Weisungen gebunden.

Landesjugendamt als Aufsichtsbehörde — Hoheitliche Aufgaben hat das Landesjugendamt beim „Schutz von Kindern in Einrichtungen", d. h. bei der Erteilung der Betriebserlaubnis für Kindertagesstätten und Heime der Jugendhilfe (§ 45 ff. SGB VIII) und den damit zusammenhängenden Aufgaben von Aufsicht und Beratung. Ergänzend können dem Landesjugendamt durch Landesrecht weitere Aufgaben zugewiesen werden.

Bedarfsplanung und Finanzierung 12

Die Bedarfsplanung für Kindertagesstätten ist Teil der **Jugendhilfeplanung,** zu der das Jugendamt als örtlicher Träger gem. § 80 SGB VIII gesetzlich verpflichtet ist. Das Jugendamt soll gewährleisten, dass in seinem Bezirk die erforderlichen Plätze in Kindergärten, Horten und Krippen zur Verfügung stehen. Vorschriften zur Regelung der Bedarfsplanung für Kindertagesstätten finden sich im **SGB VIII** und im jeweiligen **Landesrecht.**

12.1 Planungsgrundsätze

Das SGB VIII geht von einem umfassenden Planungsbegriff aus. Planung vollzieht sich gem. § 80 Abs. 1 SGB VIII in drei Schritten:

- Feststellung des Bestandes an Einrichtungen,

- Ermittlung des Bedarfs unter Berücksichtigung der Wünsche, Bedürfnisse und Interessen der jungen Menschen und der Personensorgeberechtigten für einen mittelfristigen Zeitraum und

- die rechtzeitige und ausreichende Planung der zur Befriedigung des Bedarfs notwendigen Vorhaben.

Dabei ist Vorsorge zu treffen, dass auch ein unvorhergesehener Bedarf befriedigt werden kann.

Der Bedarfsplan ist jährlich fortzuschreiben. Bei der Planung ist dem Wunsch- und Wahlrecht der Leistungsberechtigten (§ 5 Abs. 1 SGB VIII) Rechnung zu tragen, sofern dies nicht mit unverhältnismäßigen Mehrkosten verbunden ist.

Adressat der Planungsverpflichtung ist das Jugendamt, bestehend aus Verwaltung und Jugendhilfeausschuss. Zugleich ist aber auch der Träger des Jugendamtes (Stadt, Kreis) als die für die Gewährleistung rechtlich und finanziell verantwortliche Körperschaft verpflichtet, dafür zu sorgen, dass eine Bedarfsplanung erfolgt. Die Jugendhilfepla-

Planungshoheit des Jugendhilfeausschusses

nung – und somit auch die Bedarfsplanung für Kindertagesstätten – ist gem. § 71 Abs. 2 Nr. 2 SGB VIII ein Schwerpunkt der Tätigkeit des Jugendhilfeausschusses. Dieser wird für die Planung allerdings nur Grundsatzentscheidungen treffen und die Begleitung des laufenden Planungsprozesses einem Unterausschuss bzw. einer Arbeitsgemeinschaft nach § 78 SGB VIII überlassen. Wesentliche Vorarbeiten für die Jugendhilfeplanung leistet die Verwaltung des Jugendamtes. Sie kann zur fachlichen Unterstützung auch auf externe Hilfe zurückgreifen. Die Verantwortung bleibt jedoch bei der Verwaltung bzw. beim Jugendhilfeausschuss.

12.2 Planungsbeteiligung

Arbeitsgemeinschaften In den Arbeitsgemeinschaften nach § 78 SGB VIII können die Träger der freien Jugendhilfe und ihre Zusammenschlüsse an der Jugendhilfeplanung mitarbeiten. Sie sind gem. § 80 Abs. 3 SGB VIII frühzeitig an der Planung zu beteiligen. Auch die Gebietskörperschaften (Gemeinden) sollten möglichst frühzeitig in die Planung einbezogen werden. Der Prozess der Beteiligung beginnt bereits dann, wenn planungsrelevante Daten erhoben werden und die Konzeptentwicklung eingeleitet wird. Die Beteiligung der Kommunen ist insbesondere dann wichtig, wenn nach Landesrecht die Gemeinde an den Personalkosten für die Kindertagesstätten, in deren Einzugsbereich sie liegt, beteiligt ist und unter Umständen sogar verpflichtet oder veranlasst ist, die Trägerschaft für die geplante Einrichtung zu übernehmen, wenn sich kein freier Träger findet (siehe Kap. 4.6, S. 41).

Bei der Bedarfsplanung sind die örtlichen Lebensbedingungen, insbesondere die Sozialstruktur sowie die voraussehbare Entwicklung des Einzugsbereichs zu berücksichtigen. Abfragen bei den Leitungen der Kindertageseinrichtungen sowie Elternbefragungen geben Aufschluss über die Bedarfslage, wobei in der Praxis die Höhe der Elternbeiträge oft eine bedarfslenkende Wirkung hat. Zunehmend wichtig werden Arbeitsmarktdaten, bei denen genau erhoben werden sollte, in welchem Umfang (Öffnungszeiten) und für welche Zeiträume (Schließzeiten in den Ferien) Betreuungsbedarf besteht.

Zusammenarbeit mit anderen Behörden und Stellen Neben der Beteiligung der Einrichtungsträger an der Bedarfsplanung ist gem. § 81 SGB VIII auch die Zusammenarbeit mit anderen Stellen und öffentlichen Einrichtungen, deren Tätigkeit sich auf die Lebenssituation junger Menschen und ihrer Familien auswirkt, geboten. Dies gilt im besonderen Maße für die Schule. Die Aufstellung des Kita-Bedarfsplans geschieht in der Regel im Benehmen, d. h. nach qualifizierter

Anhörung der Schulbehörde. Bei der Einrichtung neuer Plätze ist auf die Standorte der Schulen Rücksicht zu nehmen.

Die Angebotsplanung muss als Gesamtplanung alle Förderangebote der Kindertagesstätten und der Kindertagespflege umfassen, soweit diese als Leistungen der Jugendhilfe gewährt werden.

12.3 Herausforderungen für die Bedarfsplanung

Bedarfsplanung und Rechtsansprüche

Zentrale Bedeutung bei der Bedarfsplanung hat die Erfüllung der Rechtsansprüche auf den Besuch einer Tageseinrichtung bzw. einer Krippe (vgl. § 24 SGB VIII). Das Jugendamt hat zu gewährleisten, dass für jedes anspruchsberechtigte Kind ein Betreuungsplatz in zumutbarer Entfernung zur Verfügung steht. Der Umfang des Rechtsanspruchs auf einen Kindergartenplatz ist landesrechtlich unterschiedlich geregelt. Für den seit 1. August 2013 bestehenden Rechtsanspruch für Kinder ab einem Jahr gestaltet sich die Bedarfsplanung besonders schwierig, da die Planungszeiten kurz sind und Prognosen über die Geburtenzahlen und die Inanspruchnahme von Plätzen große Unsicherheiten bergen.

Kindertagespflege

Die Einbeziehung der Kindertagespflege stellt die Bedarfsplanung vor neue Herausforderungen. Während bei den Tageseinrichtungen für Kinder die Feststellung des aktuellen Bestands noch relativ einfach möglich ist, sind die Platzkapazitäten bei der Kindertagespflege nur schwer festzustellen. Die Pflegeerlaubnis befugt zwar gem. § 43 Abs. 3 SGB VIII zur Betreuung von bis zu fünf fremden Kindern, es ist jedoch unklar, ob die Pflegeperson tatsächlich die volle Anzahl ausschöpfen will oder kann.[51] Im Übrigen muss bei der Vermittlung in Tagespflege wesentlich mehr noch als bei der institutionellen Betreuung auf die individuellen Wünsche der Eltern (und der Tagespflegeperson) Rücksicht genommen werden, sowohl hinsichtlich der „Chemie" zwischen Tagespflegeperson und Kind als auch hinsichtlich der angebotenen und nachgefragten Betreuungszeiten. Es ist kaum planerisch vorhersehbar, welche Plätze für welchen Bedarf tatsächlich zur Verfügung stehen. Die Bedarfsplanung muss sich daher auf eine Grobplanung beschränken und zudem auch die bislang erfahrungsgemäß hohe Fluktuation bei den Tagespflegepersonen berücksichtigen.

---

51 Nach aktuellen Zahlen des Statistischen Bundesamtes 2013 betreuen Kindertagespflegepersonen bei der Kindertagespflege im eigenen Haushalt durchschnittlich nur 3 Kinder.

Kinder mit Behinderungen

Auch für Kinder mit Behinderungen gestaltet sich die Bedarfsplanung oft besonders schwierig, da spezialisierte Bedarfe schwer vorhersehbar sind. Allerdings ist festzuhalten, dass die Rechtsansprüche und die Vergabekriterien für Plätze in Tageseinrichtungen für Kinder gem. § 24 SGB VIII im Prinzip für alle Kinder gelten, und zwar unabhängig davon, ob sie Behinderungen haben oder nicht. In der Regel ist aber hier sowohl für die Zuweisung der Plätze als auch für die Finanzierung die Zusammenarbeit von Jugendamt und den Trägern der Sozialhilfe notwendig (vgl. § 22a Abs. 4 S. 2 SGB VIII).

12.4 Finanzierungsvorschriften

Unterschiedliches Landesrecht

Vorschriften zur Finanzierung von Kindertagesstätten finden sich weitgehend in den Kita-Gesetzen und Verordnungen der Länder und zeigen eine große, kaum darstellbare Vielfalt. Die Betriebskosten oder die laufenden Personalkosten als größter Ausgabeposten werden in der Regel zwischen dem örtlichen Träger (Jugendamt), dem Einrichtungsträger und den Eltern aufgeteilt, wobei der örtliche Träger zumeist die Hauptlast trägt. In einigen Bundesländern sind auch die Länder an den Personalkosten beteiligt.

Trägeranteil

Der Eigenanteil der Träger variiert nicht nur in den unterschiedlichen Vorschriften der Länder. In einigen Gesetzen wird beim Trägeranteil auch nach Trägerart und Angebotsformen unterschieden. Dies geschieht, um Anreize zu schaffen, dass z. B. freie Träger das Platzangebot in ihren Einrichtungen vorhalten und ausbauen oder dass Krippenplätze oder Ganztagsplätze geschaffen werden.

Investitionskosten

Für Investitionskosten beim Neubau oder Ausbau von Einrichtungen gibt es vor allen Dingen in Ländern mit hohem Bedarf an Plätzen Investitionskostenzuschüsse für freie und/oder kommunale Träger. Hierzu gehören auch die von den Ländern weitergereichten Fördergelder des Bundes für den Ausbau der Betreuungsplätze für Kinder unter drei Jahren.

Zunehmende Bedeutung für die Finanzierung des Angebots gewinnen Zuwendungen für besondere Leistungen, etwa für die Sprachförderung oder für den Einsatz von Zusatzpersonal für die Förderung von Kindern mit Migrationshintergrund.

12.5 Elternbeiträge

Eine wichtige Stelle in der Personalkostenfinanzierung sind die Elternbeiträge. § 90 Abs. 1 Nr. 3 SGB VIII gibt die rechtliche Möglichkeit, für die Inanspruchnahme von Angeboten der Förderung von Kindern in Tageseinrichtungen Teilnahmebeiträge oder Kostenbeiträge zu erheben. Hiervon haben alle Bundesländer Gebrauch gemacht. Nach § 90 Abs. 1 S. 2 SGB VIII kann Landesrecht eine Staffelung nach Einkommen und Kinderzahl oder der Zahl der Familienangehörigen vorschreiben oder selbst entsprechend festsetzen. Die Städte und Gemeinden sind gehalten, jeweils für ihr Einzugsgebiet eigene Beitragssatzungen zu erlassen. Einige Bundesländer haben keine gesetzlichen Regelungen zu den Elternbeiträgen. Diese werden auf Gemeinde-, Kreis- oder Landesebene mit den Trägern ausgehandelt und durch Satzung festgelegt.

Frühpädagogische Förderung von Kindern ist ein wesentlicher Beitrag für die Herstellung und Gewährleistung gleicher Bildungschancen. Politische Forderungen, die Elternbeiträge für den Besuch des Kindergartens abzuschaffen, scheiterten lange Zeit an der Frage der Finanzierbarkeit. Im Saarland und in Sachsen wurde die Beitragsfreiheit für das letzte Kindergartenjahr einige Jahre nach Einführung aus finanziellen Gründen wieder abgeschafft. In Hamburg, Hessen, Niedersachsen und Nordrhein-Westfalen ist das letzte Kindergartenjahr beitragsfrei. In Berlin beginnt die Beitragsfreiheit drei Jahre vor Beginn der regelmäßigen Schulpflicht. Nach der Regelung in Rheinland-Pfalz haben Kinder ab Vollendung des zweiten Lebensjahres einen Rechtsanspruch auf einen beitragsfreien Kindergartenplatz. Die Beitragsfreiheit gilt bei entsprechendem Bedarf auch für die Inanspruchnahmen von Ganztagsplätzen.

Beitragsfreiheit

13 Datenschutz, Recht am eigenen Bild

In Kindertagesstätten stellen sich Fragen des Datenschutzes, wenn z. B. Eltern wissen wollen, ob der Träger der Einrichtung ihre Daten und die Daten ihrer Kinder in einem Computer speichert, wer darauf zugreifen darf, an wen sie weitergegeben und wann sie gelöscht werden. Haben die Eltern ein Recht, Ergebnisse von Beobachtung und Dokumentation einzusehen, und dürfen Informationen über das Kind an Lehrkräfte der Grundschule weitergegeben werden? Verunsicherung herrscht, ob sich Erziehungskräfte private Notizen über den Entwicklungsfortschritt und das Verhalten einzelner Kinder machen dürfen und ob die Eltern einen Anspruch auf Einsicht in diese Unterlagen haben. Hinzu kommen Fragen des Umgangs mit Fotos und Videoaufnahmen und die Einhaltung von Datenschutzvorschriften bei der Sicherstellung des Kinder- und Jugendschutzes in der Einrichtung. Datenschutz in Kindertagesstätten ist ein Thema, zu dem es offenbar mehr Fragen als Antworten gibt.

13.1 Grundrecht auf informationelle Selbstbestimmung

Volkszählungsurteil

Beim Datenschutz geht es im Kern um die Respektierung der Persönlichkeitsrechte des Kindes und seiner Eltern. Anknüpfungspunkt sind dabei Überlegungen, die das Bundesverfassungsgericht 1983 in seinem Volkszählungsurteil entwickelt hat. Das Gericht statuierte erstmalig ein Grundrecht auf informationelle Selbstbestimmung. Nach Auffassung des Gerichtes wird unter den Bedingungen der modernen Datenverarbeitung der Schutz des Einzelnen gegen unbegrenzte Erhebung, Speicherung, Verwendung und Weitergabe seiner persönlichen Daten im Grundgesetz von dem allgemeinen Persönlichkeitsrecht des Art. 2 Abs. 1 GG in Verbindung mit Art. 1 GG (Menschenwürde) umfasst. Das Grundrecht auf informationelle Selbstbestimmung gewährleistet insoweit die Befugnis des Einzelnen, grundsätzlich selbst über die Preisgabe und Verwendung seiner persönlichen Daten zu bestimmen. Diese Grundüberlegungen aus dem Volkszählungsurteil gelten im Prinzip unabhängig von der Verarbeitungsform, also auch für Daten und Informationen in Akten sowie aus Sammlungen von Texten und Bildern.

Während bei der Volkszählung die Gefahr einer missbräuchlichen Nutzung von Daten durch staatliche Stellen gesehen wurde, muss inzwischen davon ausgegangen werden, dass die Persönlichkeitsrechte in zunehmendem Maße auch durch Private bedroht werden. Wirtschaftliche Interessen haben den gläsernen Kunden geschaffen, soziale Netzwerke erlauben Einblicke in privateste Bereiche. Die Entwicklung von Speichermedien von nahezu unbegrenzter Kapazität und von Netzen mit unvorstellbaren Übertragungsraten erlauben es, die Datenverarbeitung in mehr oder weniger rechtsfreie Räume zu verlegen und der Kontrolle nationaler Behörden und Stellen zunehmend zu entziehen. Umso mehr gilt daher die Maxime, dass mit einem bewussten und respektvollen Umgang mit Persönlichkeitsrechten schon im Kindergarten angefangen werden muss.

Neue Gefahren der Datenverarbeitung

13.2 Geschützter Personenkreis

Beim Datenschutz geht es also primär um die Beachtung der Persönlichkeitsrechte des Kindes. Diese werden von den Eltern treuhänderisch wahrgenommen. Eltern können stellvertretend für ihr Kind gegen Datenschutzverstöße vorgehen, aber auch unter Beachtung des Kindeswohls für das Kind Einverständniserklärungen abgeben und Entscheidungen über die Verwendung personenbezogener Daten treffen. Neben dem Kind sind aber auch die Eltern selbst „Betroffene" im Sinne des Datenschutzes. Dies ist beispielsweise der Fall, wenn vom Träger der Kindertagesstätte zur Berechnung der Elternbeiträge Einkommensdaten erhoben werden oder zum Bedarfsnachweis für einen Krippenplatz oder einer Ganztagsbetreuung Arbeitgeberbescheinigungen verlangt werden. Aber es geht auch um die Persönlichkeitsrechte der Mitarbeiterinnen und Mitarbeiter und die Fürsorgepflicht des Trägers als Arbeitgeber.

Persönlichkeitsrechte des Kindes

13.3 Schutzbereich

Personenbezogene Daten sind Angaben über persönliche und sachliche Verhältnisse eines Menschen. Der Persönlichkeitsschutz umfasst daneben auch Tondokumente sowie Fotos und Filmaufnahmen. Hierbei sind neben datenschutzrechtlichen Vor-

Datenschutz auch für personenbeziehbare Daten

schriften auch Verwertungsrechte (Urheberrechte und das „Recht am eigenen Bild") zu beachten. Beim Schutz personenbezogener Daten kommt es nicht primär darauf an, ob es sich um besonders brisante Angaben handelt. Aus dem Zusammenhang gerissen können auch scheinbar harmlose Daten ein Persönlichkeitsbild verfälschen. Personenbezogene Daten sind nicht nur Angaben, die den Namen der Person enthalten. Es genügt, wenn ohne größere Schwierigkeiten der Bezug auf eine bestimmte Person (Vater von Max) oder bestimmte Personen (Eltern von Laura) hergestellt werden kann. Man spricht dann von personenbeziehbaren Daten. Datenschutzrechtlich irrelevant sind lediglich anonymisierte Daten (z. B. in Statistiken) oder pseudonymisierte Daten, d. h. Personendaten, bei denen die Namen geändert wurden. Diese unterliegen nicht dem Datenschutz, sondern allenfalls dem Schutz von Betriebs- und Geschäftsgeheimnissen.

13.4 Grundsätze der Datenverarbeitung

Die Erhebung, Speicherung und Nutzung personenbezogener Daten ist in der Arbeit von Kindertagesstätten nicht grundsätzlich verboten und in vielen Fällen sogar unabdingbar (Führen von Anwesenheitslisten, Informationen über Allergien und Unverträglichkeiten, Liste der Abholberechtigten, Telefonverzeichnisse etc.). Wichtig ist, dass in der Einrichtung im Sinne des Persönlichkeitsschutzes eine Kultur des Umgangs mit personenbezogenen Daten herrscht, die einen Missbrauch ausschließt. Dazu gehört die Beachtung folgender Grundsätze:

- **Grundsatz der Erforderlichkeit:** Es sollte immer darauf geachtet werden, dass nur personenbezogene Daten erhoben, verarbeitet, genutzt oder weitergegeben werden, die zur Erfüllung des Zwecks, d. h. für die Erziehung, Bildung und Betreuung des Kindes in der Tageseinrichtung und die dafür notwendigen Verwaltungsvorgänge erforderlich sind. Ziel ist es, keine oder so wenig personenbezogene Daten wie möglich zu erheben, zu verarbeiten oder zu nutzen (Datenvermeidung, Datensparsamkeit). Es dürfen keine Daten auf Vorrat gespeichert werden. In manchen Fällen ist zu fragen, ob es ausreicht, die Namen der Kinder wegzulassen. Dies ist insbesondere dann wichtig, wenn die Daten an Dritte weitergegeben werden.

- **Grundsatz der Zweckbindung:** Personenbezogene Daten dürfen nur für den Zweck verwendet werden, für den sie erhoben wurden. Daher ist es immer notwendig, bei der Datenerhebung den Zweck festzulegen. Bei der Übermittlung der Daten an Dritte ist sicherzustellen, dass die Daten nur zu dem im Aufgabenbereich des Datenempfängers liegenden Zweck verarbeitet oder genutzt werden, zu dessen Erfüllung sie übermittelt wurden. Personenbezogene Daten sind zu löschen, wenn der Zweck entfallen ist. Zum Beispiel geht es bei der Beobachtung und Dokumentation vorrangig um den Entwicklungsstand, das Verhalten und die Engagiertheit des Kindes in der Kindertagesstätte. Dabei wird oft mit strukturierten Erfassungs- und Einschätzbögen gearbeitet, mit denen die Beobachtungen fachlich geleitet werden und die dazu beitragen sollen, dass es bei der Auswertung zu vergleichbaren und gesicherten Ergebnissen kommt. Hinzu kommen als ergänzende Instrumente standardisierte Erhebungsbögen. Die von den Erzieherinnen dokumentierten Beobachtungen sind immer nur Momentaufnahmen. Sie werden gemacht, um den derzeitigen individuellen Förderungsbedarf zu erkennen oder Entwicklungsprobleme festzustellen, um Eltern z. B. zum Übergang in die Grundschule gezielte Rückmeldungen über ihr Kind zu geben oder auch um Hinweise darüber zu gewinnen, welche Angebote in der Kita weiterentwickelt werden sollten. Wichtig ist, dass dieser Kontext erhalten bleibt und die gewonnenen Informationen über das Kind nicht in späteren Zusammenhängen genutzt werden und wie ein Etikett an ihm „kleben" bleiben. Beobachtungsbögen dürfen daher in der Regel nur so lange aufbewahrt und verwendet werden, wie das Kind in der Einrichtung betreut wird. Eine Weitergabe an Dritte ist ohne Einverständnis der Personensorgeberechtigten nicht zulässig. Beobachtungsbögen sind zu vernichten oder den Eltern auszuhändigen, wenn das Kind die Einrichtung verlässt.

- **Grundsatz der Nichtdiskriminierung:** Personenbezogene Daten mit besonders sensiblem Inhalt, die für die Betroffenen zu einer Diskriminierung führen können, dürfen nicht oder nur unter sehr beschränkten Voraussetzungen erhoben, gespeichert oder an Dritte weitergegeben werden. Hierzu können z. B. Krankheitsdaten sowie Leistungs- und Verhaltensdaten gehören. Bei sensiblen Daten muss außerdem besonders auf die Sicherheit und den Schutz vor unbefugtem Zugriff geachtet werden.

- **Grundsatz der Transparenz:** Mit dem Recht auf informationelle Selbstbestimmung wäre nach dem Volkszählungsurteil des Bundesverfassungsgerichts „eine Gesellschaftsordnung und eine sie ermöglichende Rechtsordnung nicht vereinbar, in der Bürger nicht mehr wissen können, wer was wann und bei welcher Gelegenheit über sie weiß"[52]. Wo immer dies möglich ist, muss ein Bürger die Chance haben, über die Verarbeitung seiner Daten mitzubestimmen. Insofern ist es nicht nur Ausdruck effizienter Erziehungs- und Bildungspartnerschaft, sondern auch datenschutzrechtlich geboten, dass Eltern umfassend darüber informiert werden, welche personenbezogenen

---

52 Bundesverfassungsgericht, Urteil vom 15. Dezember 1983, Az. 1 BvR 209, 269, 362, 420, 440, 484/83.

Daten zu welchem Zweck im Rahmen der pädagogischen Arbeit oder im Rahmen der Verwaltung erhoben und gegebenenfalls auch an Dritte weitergegeben werden. Betroffene haben ein Recht auf Auskunft. Wenn Daten ohne ihre Kenntnis erhoben und/oder weitergegeben werden, sind die Betroffenen in der Regel zu benachrichtigen.

13.5 Rechtsquellen des Datenschutzes

Für den Datenschutz in Kindertagesstätten gibt es je nach Trägerart unterschiedliche Rechtsvorschriften. Dies führt zu einer gewissen Unübersichtlichkeit, die jedoch dadurch relativiert wird, dass sich die Vorschriften in ihren wesentlichen Aussagen sehr ähnlich sind.

Kommunale Kitas Für die kommunalen Kindertagesstätten regeln die §§ 61–68 SGB VIII die Erhebung, Speicherung, Nutzung und Übermittlung personenbezogener Daten, die im Zusammenhang mit der Aufgabenerfüllung in der Kindertagesstätte anfallen (jugendhilferechtlicher Sozialdatenschutz). Die Vorschrift verweist außerdem auf den allgemeinen Sozialdatenschutz in § 35 SGB I und in den §§ 67–85a SGB X. Normadressat für die Vorschriften der Bände des SGB sind zunächst nur die (öffentlichen) Sozialleistungsträger. Dies sind z. B. städtische Kindergärten, wenn die Stadt zugleich Träger des Jugendamtes ist, die Einrichtungen also unmittelbar für das Jugendamt die Betreuungsleistungen erbringen. Nach § 61 Abs. 1 S. 3 SGB VIII gelten die Vorschriften entsprechend auch für Kindertagesstätten in Trägerschaft von Ortsgemeinden oder Gemeindeverbänden.

Landesdatenschutz-beauftragte Die Kontrolle des Datenschutzes bei den kommunalen Trägern ist Aufgabe des jeweiligen Landesdatenschutzbeauftragten. Eingaben und Beschwerden sind an ihn zu richten. Datenschutzbeauftragte sind unabhängig und an keine Weisung gebunden. Sie haben jedoch keine Möglichkeit, datenschutzwidrige Handlungen zu verbieten. Festgestellte Verstöße können sie beanstanden und in ihren Berichten an die Parlamente öffentlich machen. In schwerwiegenden Fällen kann auch die Kommunalaufsicht aktiv werden.

Freie Träger Für die freien Träger von Kindertageseinrichtungen sind die Datenschutzvorschriften des SGB VIII und der übrigen Sozialgesetzbücher nicht unmittelbar anwendbar. Wenn freie Träger Leistungen im Auftrag des öffentlichen Trägers erbringen, verpflichtet § 61 Abs. 3 SGB VIII das beauftragende Jugendamt, sicherzustellen, dass die Einhaltung des Sozialdatenschutzes auch beim beauftragten Träger gewährleistet ist. Man spricht hier von „abgeleiteten Normadressaten". Hierzu zählen jedoch nicht die freien Träger von Kindertageseinrichtungen. Diese haben nach herrschender Meinung ein eigenständiges Betätigungsrecht, das nicht vom Träger der öffentlichen Jugendhilfe abgeleitet ist.

Für freie Träger ergeben sich die Verpflichtungen zur Einhaltung des Datenschutzes jedoch aus dem Betreuungsvertrag mit den Eltern des Kindes. Die Befolgung der Regeln des Datenschutzes ist dabei eine vertragliche Nebenpflicht, die sich aus §§ 241 Abs. 2, 242 BGB ableitet. Die Träger von Kitas können gegenüber den Eltern die Einhaltung von Vorschriften für den Datenschutz aber auch über Verträge verbindlich machen. Einige Betreuungsverträge enthalten Klauseln, die diese zur Einhaltung der Vorschriften des Sozialdatenschutzes im SGB VIII verpflichten. Die Geltung der Datenschutzvorschriften wird dann nicht mehr nur aus trägerspezifischen Vorschriften hergeleitet, sondern beruht auf einer konkreten Vereinbarung mit den Eltern.

Auch wenn ein Träger bei speziellen Anlässen – etwa bei der Einführung von Erhebungsbögen für die Berechnung von Elternbeiträgen oder bei der Einführung von Beobachtungsbögen – die Einhaltung der Vorschriften des Datenschutzes zusichert, wird diese Verpflichtung zur Nebenpflicht aus dem Betreuungsvertrag.

Spezielle Datenschutzregelungen für freie Träger enthält das Bundesdatenschutzgesetz (BDSG), das einerseits den Datenschutz für die Bundesbehörden regelt und gleichzeitig auch Vorschriften *Datenschutz bei EDV-Einsatz* für sogenannte nichtöffentliche Stellen, also auch für freie Träger enthält. Diese gelten, soweit bei der Erhebung, Verarbeitung oder Nutzung elektronische Datenverarbeitungsanlagen verwendet werden. Wenn es um personenbezogene Daten in Unterlagen und Akten geht, kann bei freien Trägern auf das BDSG nicht zurückgegriffen werden. Wenn personenbezogene Daten in Computern verarbeitet werden, liegt die Kontrolle des Datenschutzes bei den Datenschutzaufsichtsbehörden der Länder, die beim Innenministerium oder oft auch beim Landesdatenschutzbeauftragten angesiedelt sind.

Für die kirchlichen Träger gelten Sonderregelungen. Religionsgemeinschaften und kirchliche Organisationen können nach *Kirchliche Träger* Art. 140 GG in Verbindung mit Art. 137 Weimarer Reichsverfassung ihre inneren Angelegenheiten selbst regeln und sind insoweit nicht dem staatlichen Recht unterworfen (Kirchenprivileg). Dies gilt auch für privatrechtlich verfasste Organisationen, die in ihrem Wesen dem Kernbereich der Kirche zuzuordnen sind, z. B. für Caritas und Diakonie und die von ihnen betriebenen Einrichtungen sowie für sonstige kirchliche Kindergärten. Die Kirchen haben sich jedoch eigene Datenschutzvorschriften gegeben, die in ihren Grundzügen den staatlichen Vorschriften entsprechen. Die Kontrolle des Datenschutzes im kirchlichen Bereich obliegt den Datenschutzbeauftragten der Kirchen. Diese zu finden und das anwendbare Recht festzustellen, kann sich im Einzelfall als schwierig erweisen, da die Bistumsgrenzen in der Regel nicht den Ländergrenzen folgen. Im Zweifelsfall werden Eingaben beim staatlichen Datenschutzbeauftragten wegen eines Datenschutzverstoßes in einer kirchlichen Einrichtung an den zuständigen kirchlichen Datenschutzbeauftragten weitergeleitet.

Arbeitnehmerdaten Die Mitarbeiterinnen und Mitarbeiter werden in ihren Arbeitsverträgen in der Regel auch zur Verschwiegenheit und zur Einhaltung des Datenschutzes verpflichtet. Auf grobe Verstöße kann der Arbeitgeber dann mit arbeitsrechtlichen Maßnahmen (Abmahnung, bei wiederholten Verstößen verhaltensbedingte Kündigung) reagieren.

Verwendung von Daten Bei der Übermittlung von Daten sind auch die Datenschutzvorschriften der Stellen zu berücksichtigen, die personenbezogene Daten empfangen und verwenden wollen, etwa die für die Schulen geltenden Regelungen. Die Verantwortung liegt allerdings bei der empfangenden Stelle.

Anonymisierung Bei der notwendigen Zusammenarbeit zwischen Kindertagesstätte und der Grundschule ist ein Austausch von Informationen und Erfahrungen dann datenschutzrechtlich unproblematisch, wenn es um allgemeine Fragen geht und dabei die Namen einzelner Kinder nicht genannt werden.

Zulässigkeit der Datenerhebung am Beispiel Beobachtung und Dokumentation

Personenbezogene Daten von Kindern dürfen in Kindertageseinrichtungen nur erhoben werden, wenn und soweit sie für die Aufgabenerfüllung erforderlich sind. In Kindertagesstätten stellt sich die Frage, ob es grundsätzlich zulässig ist, dass die Erzieherinnen über die Kinder Bildungs- und Lerndokumentationen anlegen, in denen Einzelangaben über Lernfortschritt, soziales Verhalten, Förderbedarf und andere personenbezogene Daten festgehalten werden.

Dabei muss zunächst geprüft werden, ob die systematische Beobachtung und Dokumentation zu den fachlichen Aufgaben einer Kindertagesstätte gehört, ob also die Datenerhebung für die rechtmäßige Aufgabenerfüllung erforderlich ist (Grundsatz der Erforderlichkeit). Die Beobachtung und

Dokumentation der individuellen Bildungs- und Lernentwicklung des Kindes gehört inzwischen zu den fachlichen Standards der Arbeit in Kindertagesstätten. In den Bildungsplänen und -empfehlungen der Länder werden Bildungs- und Lerndokumentationen ausdrücklich gefordert. Beobachtung und Dokumentation sind daher vom Erziehungs- und Bildungsauftrag des Kindergartens gedeckt und grundsätzlich zulässig. Es bedarf hierfür keiner ausdrücklichen Genehmigung durch die Eltern. Im Umkehrschluss bedeutet dies, dass Eltern das Führen von Bildungs- und Lerndokumentationen über ihr Kind nicht untersagen können.

Dennoch sollten die Personensorgeberechtigten aus Gründen der Transparenz darüber informiert werden, dass Bildungs- und Lerndokumentationen über das Kind angelegt und fortgeschrieben werden. Ein geeigneter Ort hierfür ist der Betreuungsvertrag. Die Eltern können mit ihrer Unterschrift ihr ausdrückliches Einverständnis zum Führen von Bildungsdokumentationen geben, wobei gleichzeitig die Verpflichtung der Kindertagesstätte festgelegt werden kann, dass dabei die Regeln des Datenschutzes eingehalten werden und die Eltern die Möglichkeit erhalten, die Dokumentationsmappen für ihre Kinder einzusehen (Akteneinsichtsrecht).

Wenn für die Beobachtung standardisierte Erhebungsbögen verwendet werden, wäre es sinnvoll, die Elternvertretung in die Entscheidungsfindung über den zu verwendenden Erhebungsbogen mit einzubeziehen und alle Eltern über den Inhalt der Bögen zu informieren.

Besonders problematisch sind Beobachtungsbögen, die den Blick allein auf Unzulänglichkeiten und Defizite des Kindes lenken. Ob derartige defizitorientierte Beobachtungsbögen überhaupt in Kindertagesstätten eingesetzt werden sollten, ist nicht nur eine Frage der fachlichen Qualität der Arbeit der Kindertagesstätte. Zweifelhaft ist, ob diese Form der Dokumentation dem Grundsatz der Erforderlichkeit entspricht und von dem Einverständnis der Eltern ausgegangen werden kann.

Die Weitergabe personenbezogener Informationen ohne Zustimmung des Betroffenen an Dritte ist unzulässig. Sie wäre ein schwerwiegender Eingriff in das Recht auf informationelle Selbstbestimmung. Dies gilt auch für den Informationsaustausch mit der Grundschule. Zwar ist die Zusammenarbeit zwischen Kindergarten und Grundschule heute wichtiger denn je und wird sogar in den Gesetzen der Länder ausdrücklich gefordert.[53] Das Zusammenarbeitsgebot bezieht sich jedoch nur auf die Information und Abstimmung der jeweiligen Bildungskonzepte und somit nicht auf den Informationsaustausch über einzelne Kinder. Die datenschutzrechtlich gebotenen Schranken des Informationsaustauschs sind also nicht aufgehoben.

Unproblematisch sind aber zunächst die Fälle, bei denen die Eltern über Art und Inhalt der an die Schule weitergegebenen Informationen informiert wurden und vorab ihr Einverständnis bekundet haben. Wenn aber die Grundschule vom Kindergarten ohne Wissen und Zustimmung der Eltern Einblick in die Unterlagen oder Informationen über die Leistung und das Verhalten von Kinder fordert, wäre die naheliegende Frage, aus welchem Grund dies ohne das Wissen der Eltern vonstatten gehen soll. Hierfür gibt es kaum triftige Gründe. Vielmehr dürfte ein solcher Umgang mit personenbezogenen Daten auch aus den für die Schule geltenden Regeln nicht zulässig sein. Daher ist in solchen Fällen grundsätzlich das Einverständnis der Eltern einzuholen. Dies sollte zur Sicherheit schriftlich geschehen. Unter dem Gesichtspunkt der Erziehungspartnerschaft wäre es allerdings noch besser, wenn die Eltern an den Gesprächen beteiligt werden oder Unterlagen den Eltern ausgehändigt werden, damit diese frei entscheiden können, ob und wenn ja, welche Informationen sie an die Grundschule weitergeben wollen.

13.6 Recht auf Auskunft und Akteneinsicht

Zum Datenschutz gehört auch, dass die Betroffenen die Möglichkeit haben müssen, festzustellen, welche Informationen über sie in der Einrichtung vorhanden sind. Die Datenschutzvorschriften enthalten Rechte des Betroffenen auf Auskunft über die gespeicherten Daten und über deren Herkunft. Das Auskunftsrecht bezieht sich also auf Daten, die auf einem Datenträger zum Zwecke ihrer weiteren Verarbeitung und Nutzung erfasst werden. Ein Recht auf Einsicht in die Akten lässt sich daraus jedoch nicht herleiten. Dennoch sollten Kindertagesstätten den Eltern — etwa durch Vereinbarungen im Betreuungsvertrag oder mit einer Selbst-

---

53 Vgl. z. B. § 14 Kinderbildungsgesetz (KiBiz) NRW, § 3 Abs. 5 KiTaG Niedersachsen, § 2a Abs. 3 KitaG Rheinland-Pfalz

verpflichtung – ein Recht auf „Akteneinsicht", z. B. in die Bildungs- und Lerndokumentationen geben. Denn wenn, wie oben ausgeführt, diese Form der Informationssammlung zum notwendigen „Handwerkzeug" der Kindertagesstätten gehört, muss den Eltern auf der anderen Seite die Möglichkeit eröffnet werden, sich selbst ein Bild zu machen. Die Erziehungspartnerschaft zwischen dem pädagogischen Team der Kindertagesstätte und den Eltern gebietet es, dass hier ein Austausch stattfindet. Eltern sollten daher nicht nur auf Nachfrage Einsichtsmöglichkeiten erhalten, sondern aktiv auf diese Möglichkeit hingewiesen werden. Allerdings muss auch berücksichtigt werden, dass Bildungs- und Lerndokumentationen Momentaufnahmen sind, die Position des Beobachters mit einbeziehen, und dass es oft für die Interpretation wichtig ist, den Kontext der Entstehung zu kennen. Es kann sich daher als sinnvoll erweisen, wenn bei der Akteneinsicht die Möglichkeit für Rückfragen an das pädagogische Personal besteht.

Das Transparenzgebot hat dort seine Grenzen, wenn es um persönliche Aufzeichnungen und Notizen geht, die sich die pädagogischen Fachkräfte im Rahmen ihrer Tätigkeit machen. Ein Recht auf Einsicht in persönliche Notizen besteht nicht. Den Eltern sollte jedoch die Möglichkeit gegeben werden, im Rahmen eines Elterngesprächs über die aus den Beobachtungen gewonnenen Erkenntnisse der pädagogischen Fachkraft informiert zu werden.

Kein Auskunftsrecht für persönliche Notizen

13.7 Datensicherheit, Aufbewahrung personenbezogener Daten

Um möglichem Missbrauch vorzubeugen, sind Unterlagen mit personenbezogenen Daten in Kindertageseinrichtungen grundsätzlich so aufzubewahren, dass sie vor unbefugtem Zugriff geschützt sind. Personalunterlagen und Einkommensnachweise der Eltern, standardisierte Beobachtungsbögen und ähnlich sensible Daten gehören in abschließbare Schänke, die in separaten Räumen (Büro- oder Personalraum) stehen sollten. Portfolios müssen nicht unbedingt in abschließbaren Stahlschränken aufbewahrt werden. Je nach Inhalt kann es aber notwendig sein, sie vor neugierigen Kindern oder Besuchern zu schützen. In anderen Fällen gehört es zum Konzept der Portfolios, dass die Kinder selbst jederzeit nachschauen und zeigen können, was sie geschaffen und geschafft haben. Hier wird der Datenschutz durch Vereinbarungen mit den Kindern gewährleistet, dass jeder im Prinzip nur in seine eigenen Unterlagen schauen kann und die „Einsicht in fremde Akten" nur mit Zustim-

Sensible Daten besonders schützen

mung des Betroffenen erfolgen darf. Die Kultur des Umgangs mit fremden Daten wird so spielerisch zum Lernziel im Kindergarten.

Aufbewahrungsfristen   Die Frage, wie lange Zeit Daten aufbewahrt werden dürfen oder müssen, lässt sich nicht allgemein beantworten. Nach dem Gebot der Zweckbindung dürfen personenbezogene Daten so lange aufbewahrt werden, wie sie für die Erfüllung des Erhebungszwecks benötigt werden. Wenn sie nicht mehr benötigt werden, sind sie zu löschen. Daten der Kinder (Anwesenheitslisten, Krankheitsdaten usw.) werden nicht mehr benötigt, wenn das Kind die Einrichtung verlassen hat. Abrechnungsdaten werden so lange benötigt, wie sie für eine mögliche Überprüfung noch benötigt werden. Das wäre der Fall nach Ablauf der regelmäßigen Verjährung von 3 Jahren gem. § 195 BGB, wobei zu berücksichtigen ist, dass die Verjährungsfrist in der Regel nach Ablauf des Jahres beginnt, in dem der Anspruch entstanden ist. Viele Träger legen daher für Abrechnungsunterlagen zur Sicherheit eine Aufbewahrungsfrist von fünf Jahren fest.

13.8   Fotos und Videoaufnahmen

Digitalkameras und Camcorder gehören inzwischen zum alltäglichen Inventar von Kindertagesstätten. Auf Elternabenden werden Fotos und Videoaufnahmen zur Vorstellung von Projekten und zur Dokumentation von Aufführungen gezeigt, Bildungs- und Lerndokumentationen zeigen Schnappschüsse von typischen Situationen, Fotoalben erinnern als Abschiedsgeschenk an die Kindergartenzeit.

Recht am eigenen Bild   Der Umgang mit Fotografien und Videoaufnahmen von Kindern in Kindertageseinrichtungen verweist auf einen weiteren Bereich des Persönlichkeitsschutzes, das Recht am eigenen Bild. Besondere Gefährdungen bestehen heute insbesondere, weil Bilder inzwischen mühelos manipuliert werden können. Veröffentlichungen im Internet machen die Kinderbilder weltweit für jeden zugänglich.

Gruppenfotos   § 22 Kunsturhebergesetz (KunstUrhG) dürfen Bildnisse nur mit Einwilligung des Abgebildeten verbreitet oder öffentlich zur Schau gestellt werden. Bei Kindern ist die Einwilligung der Personensorgeberechtigten notwendig. Ausnahmen bilden nach § 23 Abs. 1 KunstUrhG Abbildungen von Personen der Zeitgeschichte, Bilder, bei denen Personen nur als Beiwerk neben einer Landschaft oder sonstigen Örtlichkeit erscheinen, Bilder von Teilnehmern an öffentlichen Versammlungen und Aufzügen oder Bilder, die einem höheren Interesse der Kunst dienen. Aber auch in diesen Fällen wäre eine Verbreitung und

Schaustellung ohne Einwilligung unzulässig, wenn dadurch das berechtigte Interesse des Abgebildeten verletzt wird (§ 23 Abs. 2 KunstUrhG). Dies wäre zum Beispiel der Fall, wenn ein Kind in Situationen gezeigt wird, die als peinlich empfunden werden können. Für die Veröffentlichung oder Verbreitung von Einzel- und Gruppenfotos in der Kita benötigt man das Einverständnis der Eltern von jedem abgebildeten Kind. Für Fotos von Aufführungen der Kita, bei denen als „Beiwerk" auch Kinder und Erwachsene als Publikum mit auf das Bild kommen, ist das Einverständnis rechtlich nicht erforderlich. Bei einem Widerspruch der Eltern sollte man jedoch von einer Veröffentlichung absehen.

Bei einer Veröffentlichung von Kinderfotos im Internet kann generell davon ausgegangen werden, dass eine Einwilligung notwendig ist. Diese sollte nicht allgemein, sondern stets konkret auf ein bestimmtes Bild bezogen sein und den Hinweis enthalten, dass die Einwilligung jederzeit widerrufen werden kann. Für Aufnahmen, die nur für den internen Gebrauch und die Vorführung in der Einrichtung verwendet werden, genügt ein genereller Hinweis im Betreuungsvertrag. Dabei ist selbstverständlich die Zweckbindung zu beachten. Ebenfalls im Betreuungsvertrag sollte die Verpflichtung der Eltern festgelegt werden, dass Bilder und Videoaufnahmen, auf denen (auch) andere als die eigenen Kinder abgebildet werden, nicht im Internet veröffentlicht oder an andere weitergegeben werden dürfen.

Veröffentlichungen im Internet

Die unbefugte Verbreitung und Verwertung von Bildern kann gem. § 33 Abs. 1 KunstUrhG mit einer Geldstrafe oder mit Freiheitsstrafe bis zu einem Jahr geahndet werden. Das heimliche Fo-

Unbefugte Verbreitung oder Veröffentlichung

tografieren von Kindern in einem besonders geschützten Raum (Toilette, Dusche) kann – auch ohne die Weitergabe an Dritte – gem. § 201a Strafgesetzbuch (Verletzung des höchstpersönlichen Lebensbereichs durch Bildaufnahmen) strafbar sein.

13.9 | Datenschutz als Qualitätsmerkmal

Datenschutz in Kindertageseinrichtungen ist nicht einfach nur ein Rechtsproblem. Vielmehr geht es um den Respekt vor der Persönlichkeit des Kindes und damit um ein pädagogisches Grundverständnis der Fachkräfte bei der Unterstützung von Entwicklungs- und Lernprozessen in einem hochsensiblen Lebensabschnitt. Im Mittelpunkt steht das Kind als Subjekt. Hieraus folgt die Orientierung am Kindeswohl, der Schutz der Persönlichkeitsrechte, die Berücksichtigung des Kindeswillens und die Beteiligung des Kindes an Entscheidungen sowie die Einbeziehung der Eltern in diesen Prozess.

Regelungen im Betreuungsvertrag

Grundsätze des Umgangs mit personenbezogenen Daten, Fotos und Videoaufnahmen sollten schon bei Eintritt in die Tageseinrichtung für Kinder geklärt werden. Eine Möglichkeit besteht dazu im Betreuungsvertrag. Dabei sollte jedoch nicht das Einholen von Einverständniserklärungen im Vordergrund stehen, sondern auch die Selbstverpflichtung des Trägers deutlich werden. Außerdem wäre dies der Ort, wo man auch die Eltern verpflichten kann, Bilder aus der Kita nicht ohne das Einverständnis der Abgebildeten an Dritte weiterzugeben.

Der Schutz personenbezogener Daten ist dabei Ausdruck einer pädagogischen Grundhaltung, die sich in Konzeptionen und Leitbildern wiederfindet und als wichtiges Qualitätsmerkmal für gute Arbeit in Kindertagesstätten verstanden werden sollte. Dies zu verwirklichen ist Aufgabe und Herausforderung für jede gute Tageseinrichtung für Kinder.

14.1 Elterliche Sorge

Das Recht der elterlichen Sorge gründet auf Art. 6 Abs. 2 GG (siehe Kap. 2.4, S. 21), wonach die Pflege und Erziehung der Kinder das natürliche Recht und die oberste Pflicht der Eltern ist. Nähere Bestimmungen finden sich im 4. Buch des BGB „Familienrecht". Das BGB ist Teil des Zivilrechts. Es regelt die Rechtsbeziehungen zwischen den einzelnen Bürgern. §§ 1626–1698b BGB regeln die elterliche Sorge, also die privatrechtlichen Beziehungen zwischen Eltern und Kindern. Die Eltern haben das Recht, Entscheidungen für das minderjährige Kind zu treffen und seine Angelegenheiten zu regeln.

Familienrecht

> **§ 1626 BGB — Elterliche Sorge, Grundsätze**
>
> (1) Die Eltern haben die Pflicht und das Recht, für das minderjährige Kind zu sorgen (elterliche Sorge). Die elterliche Sorge umfasst die Sorge für die Person des Kindes (Personensorge) und das Vermögen des Kindes (Vermögenssorge).
>
> (2) Bei der Pflege und Erziehung berücksichtigen die Eltern die wachsende Fähigkeit und das wachsende Bedürfnis des Kindes zu selbständigem verantwortungsbewusstem Handeln. Sie besprechen mit dem Kind, soweit es nach dessen Entwicklungsstand angezeigt ist, Fragen der elterlichen Sorge und streben Einvernehmen an. (...)

Die elterliche Sorge verbindet Rechte und Pflichten. Während im Grundgesetz Art. 6 Abs. 2 GG das Recht vor der Pflicht genannt wird, wurde bei der Gesetzesänderung von § 1626 BGB durch die

Reform des Kindschaftsrechts

Kindschaftsrechtsreform von 1998[54] die Reihenfolge umgekehrt um den Pflichtcharakter der elterlichen Sorge zu betonen. Die Elternverantwortung verpflichtet beide Elternteile, die ihnen zugewiesenen Rechte zum Wohle des Kindes verantwortungsvoll auszuüben.

---

§ 1627 BGB — Ausübung der elterlichen Sorge

Die Eltern haben die elterliche Sorge in eigener Verantwortung und in gegenseitigem Einvernehmen zum Wohl des Kindes auszuüben. Bei Meinungsverschiedenheiten müssen sie versuchen, sich zu einigen.

Eltern nehmen die Rechte des Kindes treuhänderisch wahr. Zum Sorgerecht gehört die Personen- und die Vermögenssorge.

- Zur Personensorge zählen: Pflege und Erziehung, Bestimmung des Aufenthaltes, des Umgangs und des Namens.

- Zur Vermögenssorge zählen: das Abschließen von Verträgen, der Schutz finanzieller Interessen, Verfolgung von Ansprüchen sowie die Abwehr von unberechtigten Ansprüchen.

Gesetzliche Vertretung Mit der elterlichen Sorge ist auch das Recht verbunden, mit Rechtswirkung für das Kind zu handeln (gesetzliche Vertretung). Hierzu gehört die Vertretung in Rechtsgeschäften, z. B. Käufe im Namen des Kindes. Als gesetzliche Vertreter können Eltern auch für das Kind Leistungen beantragen, in eine Operation einwilligen oder eine Schenkung annehmen. Die Rechtsansprüche in § 24 Abs. 2 und 3 SGB VIII sind als Recht des Kindes ausgestaltet. Sie können von den Eltern als Personensorgeberechtigten für das Kind geltend gemacht und vor dem Verwaltungsgericht eingeklagt werden.

Die elterliche Sorge wird von den Eltern gem. § 1627 S. 1 BGB in eigener Verantwortung wahrgenommen. Sie ist in ihrer Substanz unverzichtbar, unentziehbar und nicht übertragbar. Allerdings kann die Ausübung der elterlichen Sorge für eine gewisse Zeit (widerrufbar) Dritten übertragen werden. Dies ist zum Beispiel der Fall, wenn ein Kind in die Obhut einer Kindertagesstätte gegeben wird und Pflege und Erziehung für die Dauer des Aufenthalts auf die vom Träger bestellte Leiterin und die von ihr bestimmten Erzieherinnen übertragen wird. Dabei bleibt die Letztverantwortung bei den Personensorgeberechtigten.

---

54 Das Gesetz zur Reform des Kindschaftsrechts vom 16. Dezember 1997, BGBl. I, S. 2942, trat am 1. Juli 1998 in Kraft.

Die elterliche Sorge soll von den Eltern im gegenseitigen Einvernehmen ausgeübt werden (§ 1627 S. 1 BGB).

---

§ 1629 BGB – Vertretung des Kindes

(1) Die elterliche Sorge umfasst die Vertretung des Kindes. Die Eltern vertreten das Kind gemeinschaftlich; ist eine Willenserklärung gegenüber dem Kind abzugeben, so genügt die Abgabe gegenüber einem Elternteil. Ein Elternteil vertritt das Kind allein, soweit er die elterliche Sorge allein ausübt oder ihm die Entscheidung nach § 1628 BGB übertragen ist. Bei Gefahr im Verzug ist jeder Elternteil dazu berechtigt, alle Rechtshandlungen vorzunehmen, die zum Wohl des Kindes notwendig sind; der andere Elternteil ist unverzüglich zu unterrichten. (...)

In der Praxis bedeutet dies, dass zum Beispiel für die An- oder Abmeldung des Kindes in der Kindertagesstätte Einigkeit notwendig ist. Wenn ein Elternteil handelt, bedarf es der Zustimmung des anderen Elternteils. Der Träger der Einrichtung kann den Nachweis fordern, indem er sich den Betreuungsvertrag oder die Kündigung von beiden Elternteilen unterschreiben lässt. Notwendig ist ein schriftlicher Nachweis für die Zustimmung des anderen Elternteils jedoch nicht. Wenn es keine Anhaltspunkte dafür gibt, dass der andere Elternteil nicht einverstanden ist, kann davon ausgegangen werden, dass der handelnde Elternteil für die rechtliche Handlung von dem anderen Elternteil bevollmächtigt ist. Hier genügt eine entsprechende Erklärung des bevollmächtigten Elternteils im Vertrag.

Einigkeit bei An- und Abmeldung des Kindes

Anders liegt der Fall, wenn der Träger der Einrichtung eine Kündigung des Kindergartenplatzes ausspricht. Für die Entgegennahme von Erklärungen bei der sogenannten passiven Elternvertretung (§ 1629 Abs. 1 Satz 2 BGB) genügt es kraft ausdrücklicher gesetzlicher Regelung, dass die Erklärung einem Elternteil gegenüber abgegeben wird, auch wenn der andere Elternteil nicht einverstanden ist. Die Entgegennahme der Erklärung durch den einen Elternteil wird also dem anderen zugerechnet, und zwar unabhängig von der Frage, ob die Eltern kooperieren oder zerstritten sind.

Passive Elternvertretung

> **§ 1628 BGB – Gerichtliche Entscheidung bei Meinungsverschiedenheiten der Eltern**
>
> Können sich die Eltern in einer einzelnen Angelegenheit oder in einer bestimmten Art von Angelegenheiten der elterlichen Sorge, deren Regelung für das Kind von erheblicher Bedeutung ist, nicht einigen, so kann das Familiengericht auf Antrag eines Elternteils die Entscheidung einem Elternteil übertragen. Die Übertragung kann mit Beschränkungen oder mit Auflagen verbunden werden.

Zerstrittene Eltern
Wenn Eltern so zerstritten sind, dass sie in einer für das Kind wichtigen Frage keine Einigkeit erzielen, können sie das Familiengericht anrufen. Dieses trifft die Entscheidung (etwa die Anmeldung für einen bestimmten Kindergarten) nicht selbst, sondern entscheidet darüber, welcher Elternteil die Entscheidung alleine fällen darf. Vorgeschaltet ist gem. § 160 FamFG[55] ein Anhörungsverfahren, in dem das Gericht versucht, eine gütliche Einigung herbeizuführen.

14.2 Elterliche Sorge bei Trennung und Scheidung

Gemeinsame Sorge als Regelfall
Auch wenn Eltern dauernd getrennt leben oder geschieden sind, bleiben sie für ihre Kinder weiterhin Eltern. Vor der Kindschaftsrechtsreform 1998 musste das Familiengericht im Rahmen des Scheidungsverfahrens auch über das Sorgerecht für die Kinder entscheiden. Dabei sollte auf das Wohl des Kindes, seine Bindungen an einen Elternteil und an die Geschwister Rücksicht genommen werden. Dieser „Zwangsverbund" von Scheidungsverfahren und Sorgerechtsentscheidung wurde vom Bundesverfassungsgericht für verfassungswidrig erklärt. Das Gericht eröffnete die Möglichkeit, dass Eltern nach der Scheidung auf Antrag das gemeinsame Sorgerecht zugesprochen wurde. Mit der Reform des Kindschaftsrechts 1998 ist das gemeinsame Sorgerecht faktisch zum Regelfall geworden. Eltern können auch nach Trennung und Scheidung die gemeinsame Sorge fortführen, ohne dass es einer gerichtlichen Entscheidung bedarf. Das Gericht entscheidet nur dann über das Sorgerecht, wenn ein Elternteil die Übertragung der Alleinsorge beantragt.

---

55 Das Gesetz über das Verfahren in Familiensachen und in Angelegenheiten der freiwilligen Gerichtsbarkeit (FamFG) ist seit dem 1. September 2009 in Kraft und hat das Gesetz über die freiwillige Gerichtsbarkeit (FGG) abgelöst.

Der Gesetzgeber hat damit klargestellt, dass es für die betroffenen Kinder das Beste ist, wenn sich die Eltern auch nach der Scheidung einvernehmlich um deren Angelegenheiten kümmern. Nur wenn es tiefgreifende Zerwürfnisse den Eltern unmöglich machen, das Sorgerecht für ihre Kinder gemeinsam auszuüben, kann auf entsprechenden Antrag das Familiengericht entscheiden, welchem Elternteil das Sorgerecht allein zusteht.

Getrennt Lebende oder geschiedene Eltern können trotz gemeinsamer Sorge nicht immer und zu allen Angelegenheiten des Kindes gemeinsame Entscheidungen treffen. In Angelegenheiten des Alltags und in Eilfällen muss der Elternteil, der mit dem Kind zusammen ist, die Möglichkeit haben, allein zu entscheiden. Das BGB hat für diese Fälle eine Regelung.

§ 1687 BGB — Ausübung der gemeinsamen Sorge bei Getrenntleben

(1) Leben Eltern, denen die elterliche Sorge gemeinsam zusteht, nicht nur vorübergehend getrennt, so ist bei Entscheidungen in Angelegenheiten, deren Regelung für das Kind von erheblicher Bedeutung ist, ihr gegenseitiges Einvernehmen erforderlich. Der Elternteil, bei dem sich das Kind mit Einwilligung des anderen Elternteils oder aufgrund einer gerichtlichen Entscheidung gewöhnlich aufhält, hat die Befugnis zur alleinigen Entscheidung in Angelegenheiten des täglichen Lebens. Entscheidungen in Angelegenheiten des täglichen Lebens sind in der Regel solche, die häufig vorkommen und die keine schwer abzuändernden Auswirkungen auf die Entwicklung des Kindes haben. Solange sich das Kind mit Einwilligung dieses Elternteils oder aufgrund einer gerichtlichen Entscheidung bei dem anderen Elternteil aufhält, hat dieser die Befugnis zur alleinigen Entscheidung in Angelegenheiten der tatsächlichen Betreuung. § 1629 Abs. 1 Satz 4 und § 1684 Abs. 2 Satz 1 gelten entsprechend.

Die Wahl der Betreuung des Kindes in einer Kindertageseinrichtung oder in Kindertagespflege dürfte demnach als Angelegenheit von erheblicher Bedeutung angesehen werden,[56] während Absprachen über die Betreuung des Kindes im Einzelnen zu den Alltagsangelegenheiten gezählt werden müssen, die vom betreuenden Elternteil allein entschieden werden können. *Alltagsangelegenheiten*

56 Vgl. OLG Brandenburg, Beschluss vom 19. Mai 2004, Az. 9 UF 89/04

Wer darf das Kind abholen?

Die Eltern eines Kindes haben nach der Scheidung das gemeinsame Sorgerecht. Das Kind wohnt bei seiner Mutter. Da der Vater Besuchstermine oft nicht einhält, möchte die Mutter, dass der Vater sein Kind nicht mehr vom Kindergarten abholen darf, und gibt eine entsprechende Anweisung an den Träger des Kindergartens.

Rechtliche Überlegungen

Der Träger könnte sich auf den Standpunkt stellen, dass er sich grundsätzlich nicht in den Streit zwischen den Eltern einmischen will und bei bestehendem gemeinsamem Sorgerecht grundsätzlich beiden Elternteilen das Kind herausgibt. Wenn hinsichtlich der Abholung des Kindes Meinungsverschiedenheiten bestehen, könnte die Mutter ja eine gerichtliche Entscheidung nach § 1628 BGB erwirken.

Die Anrufung des Familiengerichts nach § 1628 BGB setzt jedoch voraus, dass es sich bei der Abholung des Kindes vom Kindergarten um eine Angelegenheit handelt, deren Regelung für das Kind von erheblicher Bedeutung ist. Die Frage, wer das Kind abholen darf, ist jedoch wohl eher eine Entscheidung in Angelegenheiten des täglichen Lebens, die gem.

§ 1687 Abs. 1 BGB in das alleinige Entscheidungsrecht des Elternteils fällt, bei dem sich das Kind gewöhnlich aufhält.[57]

Der Träger kann daher die Herausgabe des Kindes an seinen Vater verweigern und darauf hinweisen, dass die Mutter die Kita entsprechend angewiesen hat. Die Weigerung ist keine Kindesentziehung. Bei näherer Betrachtung ist diese Lösung auch nachvollziehbar, denn die Mutter, bei der das Kind wohnt, muss sich darauf verlassen können, dass sie das Kind zu der vereinbarten Zeit vom Kindergarten abholen kann.

14.3 Eltern, die nicht miteinander verheiratet sind

Bei einer bestehenden Ehe geht das Gesetz – auch bei Trennung der Eltern – davon aus, dass das Kind aus der Ehe stammt und insofern auch Vater und Mutter feststehen. Wenn die Eltern jedoch nicht miteinander verheiratet sind, ist nur die Abstammung von der Mutter eindeutig festgelegt.[57]

§ 1591 BGB – Mutterschaft

Mutter eines Kindes ist die Frau, die es geboren hat.

Dieser anscheinend so banale Satz hat angesichts neuer Möglichkeiten der Leihmutterschaft an Bedeutung gewonnen, denn er besagt, dass auch bei Ei- und Embryonenspenden an der Mutterschaft der Frau, die das Kind ausgetragen hat, rechtlich kein Zweifel besteht.

Für die Vaterschaft galt lange der lateinische Rechtssatz „Pater est, quem nuptiae demonstrant"[58]. Nach jetzt geltendem Recht gibt es für die Vaterschaft drei Möglichkeiten:

Vaterschaft

---

57 Vgl. OLG Bremen, Beschluss vom 1. Juli 2008, Az. 4 UF 39/08
58 Vater ist, wen die Verheiratung (Ehe) als solchen ausweist.

Vater im Rechtssinne ist der Mann, der

- im maßgebenden Zeitpunkt der Geburt mit der Mutter verheiratet war,

- die Vaterschaft wirksam anerkannt hat oder

- als Vater gerichtlich festgestellt ist.

Liegen nachprüfbare Umstände vor, die an der biologischen Abstammung des Kindes vom Ehemann der Mutter erhebliche Zweifel wecken, kann dieser die Vaterschaft anfechten. Allerdings sind heimliche DNA-Tests als Beweismittel nicht zugelassen.

Auch wenn in einer noch bestehenden Ehe das Kind nicht vom Ehemann der Mutter stammt, gilt es bis zur erfolgreichen Anfechtung der Vaterschaft als eheliches Kind dieses Mannes und erhält auch dessen Namen, wenn dieser bei der Eheschließung als Familienname gewählt wurde (§ 1616 BGB). Selbst nach rechtswirksamer Anfechtung der Vaterschaft behält das Kind zunächst den Familiennamen, es besteht jedoch die Möglichkeit, dass das Kind nachträglich den Namen der Mutter erhält (§ 1617b Abs. 2 BGB).

Sorgerechtserklärung   Eltern, die nicht miteinander verheiratet sind, können durch eine gemeinsame Erklärung das gemeinsame Sorgerecht erhalten. Die Sorgeerklärungen müssen öffentlich, d. h. beim Jugendamt (§ 59 Abs. 1 Nr. 1 SGB VIII) oder bei einem Notariat beurkundet werden.

14.4   Gemeinsames Sorgerecht gegen den Willen der Mutter?

Nach der ursprünglichen Fassung des § 1626a BGB konnte ein Vater, der nicht mit der Mutter verheiratet ist, nur mit Zustimmung der Mutter das Sorgerecht für das gemeinsame Kind erhalten. Der Europäische Gerichtshof für Menschenrechte hat diese vom Bundesverfassungsgericht zunächst bestätigte Regelung in seiner Entscheidung vom 3. Dezember 2009 für unvereinbar mit der Europäischen Menschenrechtskonvention erklärt. Der Gerichtshof wandte sich gegen die Einschätzung des Bundesverfassungsgerichts, dass ein gemeinsames Sorgerecht gegen den Willen der Mutter grundsätzlich dem Kindeswohl zuwiderlaufe. Der deutsche Gesetzgeber musste daraufhin eine Möglichkeit schaffen, dass das Familiengericht auch ohne Einverständnis der Mutter eine am Kindeswohl orientierte Regelung des Sorgerechts für Kinder treffen kann, deren Eltern nicht miteinander verheiratet sind und die keine Sorgeerklärung abgegeben haben.

Mit dem am 19. Mai 2013 in Kraft getretenen Gesetz zur Reform der elterlichen Sorge nicht miteinander verheirateter Eltern wurde § 1626a BGB geändert. Grundsätzlich erhält jetzt die unverheiratete Mutter mit der Geburt zwar das alleinige Sorgerecht, der unverheiratete Vater kann jedoch künftig die gemeinsame elterliche Sorge beim Familiengericht auch ohne Zustimmung der Mutter beantragen. Zu dem Antrag des Vaters muss die Mutter Stellung nehmen. Gibt sie keine Stellungnahme ab oder gibt es keine kindeswohlrelevanten Gründe, die gegen das gemeinsame Sorgerecht sprechen, überträgt das Familiengericht die Mitsorge auf den Vater. Dies erfolgt in einem beschleunigten und vereinfachten Verfahren ohne Anhörung des Jugendamtes.

§ 1626a BGB — Elterliche Sorge nicht miteinander verheirateter Eltern; Sorgeerklärungen

(1) Sind die Eltern bei der Geburt des Kindes nicht miteinander verheiratet, so steht ihnen die elterliche Sorge gemeinsam zu,
  1. wenn sie erklären, dass sie die Sorge gemeinsam übernehmen wollen (Sorgeerklärungen),
  2. wenn sie einander heiraten oder
  3. soweit ihnen das Familiengericht die elterliche Sorge gemeinsam überträgt.

(2) Das Familiengericht überträgt gemäß Absatz 1 Nummer 3 auf Antrag eines Elternteils die elterliche Sorge oder einen Teil der elterlichen Sorge beiden Eltern gemeinsam, wenn die Übertragung dem Kindeswohl nicht widerspricht. Trägt der andere Elternteil keine Gründe vor, die der Übertragung der gemeinsamen elterlichen Sorge entgegenstehen können, und sind solche Gründe auch sonst nicht ersichtlich, wird vermutet, dass die gemeinsame elterliche Sorge dem Kindeswohl nicht widerspricht.

(3) Im Übrigen hat die Mutter die elterliche Sorge.

Das gemeinsame Sorgerecht soll immer dann festgelegt werden, wenn es dem Kindeswohl nicht widerspricht. Umgekehrt bedeutet dies, dass die gemeinsame elterliche Sorge nur dann zu versagen ist, wenn sie dem Kindeswohl entgegensteht.

Sorgeregister Nach § 58a SGB VIII führt das Jugendamt ein Sorgeregister mit Eintragungen, wenn Sorgeerklärungen nach § 1626a Absatz 1 Nummer 1 BGB abgegeben werden oder aufgrund einer gerichtlichen Entscheidung die elterliche Sorge den Eltern ganz oder zum Teil gemeinsam übertragen wird.

14.5　Rechte des nicht sorgeberechtigten Elternteils

Wenn ein Elternteil das alleinige Sorgerecht hat, bleibt der andere Elternteil nicht völlig rechtlos. Der nicht sorgeberechtigte Elternteil hat gegenüber dem Sorgerechtsinhaber ein Recht auf Information über die Lebensverhältnisse des Kindes.

---

§ 1686 BGB — Auskunft über die persönlichen Verhältnisse des Kindes

Jeder Elternteil kann vom anderen Elternteil bei berechtigtem Interesse Auskunft über die persönlichen Verhältnisse des Kindes verlangen, soweit dies dem Wohl des Kindes nicht widerspricht. Über Streitigkeiten entscheidet das Familiengericht.

Auskunftsanspruch Der Auskunftsanspruch besteht nur gegen den anderen Elternteil, nicht gegen Dritte, etwa gegen den Kindergarten oder die Schule.

Zum Wohl des Kindes gehört gem. § 1626 Abs. 3 BGB der Umgang mit beiden Elternteilen, das heißt der Kontakt per Brief, Telefon oder Mail sowie der Besuch.

---

§ 1684 BGB — Umgang des Kindes mit den Eltern

(1) Das Kind hat das Recht auf Umgang mit jedem Elternteil; jeder Elternteil ist zum Umgang mit dem Kind verpflichtet und berechtigt.

(2) Die Eltern haben alles zu unterlassen, was das Verhältnis des Kindes zum jeweils anderen Elternteil beeinträchtigt oder die Erziehung erschwert. (...)

Der nicht sorgeberechtigte Elternteil hat, solange sich das Kind mit Einverständnis des sorgeberechtigten Elternteils oder aufgrund einer gerichtlichen Entscheidung zu Besuch bei ihm aufhält, die Befugnis zur alleinigen Entscheidung in Angelegenheiten der tatsächlichen Betreuung (§ 1687 Abs. 1 S. 4 BGB).

Umgangsrecht

Bei Trennung und Scheidung besteht die Gefahr, dass sich die Eltern über die Besuche und Kontakte mit den Kindern streiten. Wenn das Recht des Kindes zum Besuch des nicht betreuenden Elternteils durchgesetzt werden soll, ist es oft nicht mit einer Entscheidung des Familiengerichts getan. Kinder und Eltern haben gem. § 18 Abs. 3 SGB VIII einen Anspruch auf Beratung und Unterstützung bei der Ausübung des Umgangsrechts. Bestehen begründete Bedenken, das Kind dem besuchsberechtigten Elternteil allein zu überlassen, können „begleitete oder beschützte Besuche" auch in Gegenwart eines mitwirkungsbereiten Dritten gerichtlich angeordnet werden (§ 1684 Abs. 4 S. 3 BGB). Sinnvoll ist es auch, solche Begegnungen an einem neutralen Ort, z. B. in einem Kindergarten, stattfinden zu lassen. Allerdings muss der Träger der Einrichtung hierzu auch seine Bereitschaft erklärt haben.

Begleiteter Umgang

14.6 Rechte von sonstigen Erziehungsberechtigten

Neue Ehegatten, Lebensgefährten und Lebenspartner sind zwar nicht sorgeberechtigt, sie können jedoch als Erziehungsberechtigte behandelt werden, wenn sie mit dem personensorgeberechtigten Elternteil verheiratet sind, in einer eingetragenen Partnerschaft verbunden sind oder in einer eheähnlichen Gemeinschaft zusammenleben und das Kind nicht nur vorübergehend in dem gemeinsamen Haushalt lebt. Nach den meisten Wahlordnungen sind sie im Rahmen der Elternvertretung wahlberechtigt und wählbar, soweit der Erziehungsberechtigte seine Zustimmung gibt. Die Übertragung des Erziehungsrechts ist jederzeit widerrufbar.

Lebenspartner als Erziehungsberechtigte

Pflegepersonen, Erzieher in Heimen, in denen ein Kind wohnt, und gesetzliche Betreuer sind gem. § 1688 BGB berechtigt, in Angelegenheiten des täglichen Lebens für das Kind zu entscheiden und den Personensorgeberechtigten in solchen Angelegenheiten zu vertreten. In der Regel können sie auch das aktive und passive Wahlrecht in der Elternvertretung ausüben.

Entscheidungsrecht bei Heimkindern

14.7   Grenzen des elterlichen Erziehungsrechts

Nach langen Diskussionen wurde im am 1. November 2000 durch das Gesetz zur Ächtung der Gewalt in der Erziehung ein gesetzliches Verbot von Gewaltanwendung bei der Erziehung im BGB verankert.

> **§ 1631 BGB — Inhalt und Grenzen der Personensorge**
>
> (2) Kinder haben ein Recht auf gewaltfreie Erziehung. Körperliche Bestrafungen, seelische Verletzungen und andere entwürdigende Maßnahmen sind unzulässig.

Die Norm entspricht der Forderung in Art. 19 der UN-Kinderrechtskonvention (KRK), die die Mitgliedsstaaten verpflichtet, „alle geeigneten Gesetzgebungsmaßnahmen zu treffen, um das Kind vor jeder Form körperlicher oder geistiger Gewaltanwendung zu schützen"[59].

Bedenken gegen diese Vorschrift[60] bestanden, weil befürchtet wurde, dass sich der Staat hier auch unterhalb der Eingriffsschwelle des § 1666 BGB (Kindeswohlgefährdung) in die Erziehung einmischt und Fehlverhalten von Eltern kriminalisiert. Inzwischen haben sich die Wogen geglättet. § 1631 Abs. 2 BGB ist eine zivilrechtliche Norm, die keine Strafe nach sich zieht, sondern in erster Linie eine Wertung des Gesetzgebers verdeutlicht, Wege zu einer gewaltfreien Erziehung aufzeigt und zur Hilfe für die betroffenen Kinder und die Eltern auffordert.

Gewaltfreie Erziehung in Kindertagesstätten   Für Erzieherinnen und Erzieher, die im Auftrag der Eltern und in öffentlicher Verantwortung die Erziehung, Bildung und Betreuung der Kinder in Kindertagesstätten übernehmen, bedeutet das Recht der Kinder auf gewaltfreie Erziehung eine besondere Verpflichtung. Körperliche Bestrafungen, seelische Verletzungen oder andere entwürdigende Maßnahmen sind in Kindertagesstätten verboten. Bei Überschreitungen muss die persönliche Eignung der Erziehungskräfte in Zweifel gezogen werden. Wenn der Träger nicht tätig wird, kommt regelmäßig eine Tätigkeitsuntersagung durch das Landesjugendamt nach § 48 SGB VIII in Betracht (siehe Kap. 9.2).

---

59 www.netzwerk-kinderrechte.de

60 Gesetz zur Ächtung von Gewalt in der Erziehung vom 2. November 2000 BGBl. I Nr. 48, S. 1479

14.8 | Entzug der elterlichen Sorge

Das elterliche Sorgerecht ist durch Artikel 6 des Grundgesetzes geschützt. Es kann nur unter strengen Voraussetzungen durch das Familiengericht entzogen werden (§ 1666 BGB).

Entscheidung des Familiengerichts

Voraussetzung für einen Sorgerechtsentzug ist, dass das körperliche, seelische oder geistige Wohl eines Kindes oder sein Vermögen durch Missbrauch der elterlichen Sorge, durch Vernachlässigung, durch unverschuldetes Versagen der Eltern oder durch einen Dritten gefährdet wird. Konkrete Tatsachen müssen hierbei die Gefährdung belegen. Die Gefährdung muss in der Zukunft bestehen. Das Familiengericht muss außerdem zu der Überzeugung kommen, dass die Eltern die Gefährdung nicht beenden können oder wollen.

Ein Eingriff in die elterliche Sorge darf nur erfolgen, soweit und solange die Notwendigkeit besteht. Das Familiengericht ist verpflichtet, in regelmäßigen Abständen von sich aus zu überprüfen, ob der Entzug des Sorgerechtes noch gerechtfertigt ist (§ 1696 BGB). Wenn dies nicht mehr der Fall ist, muss der Sorgerechtsentzug aufgehoben werden. Das Gericht darf nur in dem Umfang in die elterliche Sorge eingreifen, wie dies nötig ist (Übermaßverbot). Es muss daher geprüft werden, ob es zur Abwehr der Gefahr notwendig ist, die gesamte Sorge einem Vormund zu übertragen, oder ob es ausreicht, bestimmte Teile des Sorgerechts, etwa das Aufenthaltsbestimmungsrecht, zu entziehen und auf einen Verfahrensbeistand (§ 158 FamFG) zu übertragen.

Eingriff nur als letztes Mittel

15 Arbeitsvertrag, Tarifrecht, Mitbestimmung

Zur Begründung des Arbeitsverhältnisses schließt der Träger als Arbeitgeber (vertreten durch den Geschäftsführer, den Bürgermeister oder eine andere vertretungsberechtigte Person) mit der pädagogischen Fachkraft als Arbeitnehmerin einen Arbeitsvertrag.

Der gegenseitige Vertrag kommt zustande durch Angebot und Annahme. Nach dem BGB ist eine Schriftform nicht vorgeschrieben[61]. Wenn sich die Parteien über die wesentlichen Punkte (Arbeitsleistung gegen Entgelt) einig sind, ist ein Vertrag zustande gekommen, der beide Seiten verpflichtet. Wenn eine Vergütung zu erwarten ist, gilt sie als stillschweigend vereinbart (§ 612 Abs. 1 BGB). Wenn über die Höhe der Vergütung nicht gesprochen wurde, gilt die übliche Vergütung als vereinbart (§ 612 Abs. 2 BGB).

Bei befristeten Verträgen ist für die Befristung die Schriftform gem. § 14 Abs. 4 Teilzeit- und Befristungsgesetz (TzBfG) zwingend erforderlich. Wird ein befristeter Vertrag mündlich abgeschlossen, ist er ohne die Befristung rechtsgültig, gilt also unbefristet. Bei einem mündlichen Arbeitsvertrag muss der Arbeitgeber dem Arbeitnehmer nach § 2 Nachweisgesetz (NachwG) innerhalb von vier Wochen nach dem Vertragsschluss die wesentlichen Vertragsbestandteile mitteilen. Wird die Vorschrift nicht eingehalten, besteht zwar ein Arbeitsvertrag, der Arbeitgeber ist aber im Streitfall vor Gericht für den Inhalt der getroffenen Vereinbarungen beweispflichtig.

15.1 Inhalt des Arbeitsvertrages

Der Arbeitsvertrag beschreibt Ort, Zeit und Inhalt der zu erbringenden Arbeit und begründet für den Arbeitgeber und den Arbeitnehmer Pflichten.

---

61 Tarifverträge wie z. B. § 2 TVöD verlangen zwar die Einhaltung der Schriftform, dennoch ist ein mündlicher Arbeitsvertrag auch im öffentliche Dienst rechtswirksam.

Pflichten des Arbeitgebers:

- Beschäftigung des Arbeitnehmers

- Angemessene Bezahlung

- Fürsorgepflicht
  - Allgemeiner Arbeitsschutz
  - Schutz vor Mobbing
  - Schutz vor sexueller Belästigung

- Gleichbehandlung der Arbeitnehmer

- Information des Arbeitnehmers

- Gewährung von Urlaub

- Entgeltfortzahlung im Krankheitsfall

- Erteilung eines Arbeitszeugnisses

Pflichten des Arbeitnehmers:

- Erbringung der Arbeitsleistung

- Treuepflicht (§ 241 Abs. 2 BGB)

- Schweigepflicht/Verschwiegenheit (§ 3 Abs. 1 TvöD und Datenschutzregelungen)
  - im Zusammenhang mit der pädagogischen Arbeit
  - im Zusammenhang mit Arbeitsplatz und Betrieb

- Regelung zur Krankmeldung und Arbeitsunfähigkeitsbescheinigung

- Sorgfaltspflicht/Verhinderung von Schäden

- Regelungen für die Annahme von Geschenken

- Regelungen zur Wahrung des Ansehens der Einrichtung

Darüber hinaus haben in den meisten Fällen auch die Vorschriften eines Tarifvertrages Geltung für das Arbeitsverhältnis.

Tarifvertrag

Ein Tarifvertrag ist ein schriftlicher Vertrag zwischen Arbeitgeberverbänden oder einzelnen Arbeitgebern auf der einen Seite und Arbeitnehmervertretungen (Gewerkschaften) auf der anderen Seite. Er enthält Regelungen für den Inhalt, den Abschluss und die Beendigung von Arbeitsverhältnissen, Berechnung und Höhe des Entgelts sowie Rechte und Pflichten der Tarifvertragsparteien. Außerdem regelt der Tarifvertrag Fragen der Arbeitnehmervertretung (Betriebsrat). Rechtsnormen des Tarifvertrages gelten gem. § 4 Abs. 1 Tarifvertragsgesetz (TVG) unmittelbar und zwingend zwischen den tarifgebundenen Parteien. Abweichende Vorschriften im Einzelvertrag gelten nur, wenn sie Regelungen zugunsten des Arbeitnehmers enthalten (§ 4 Abs. 3 TVG, Günstigkeitsprinzip).

Kommunale Einrichtungen

Für kommunale Kindertageseinrichtungen gilt in der Regel der Tarifvertrag des öffentlichen Dienstes (TVöD) mit dem besonderen Teil „Sozial- und Erziehungsdienst".

Freie Träger

Einrichtungen von freien Trägern können mit den Gewerkschaften eigene Tarifverträge abschließen oder den jeweils geltenden Tarifvertrag des TVöD für ihren Bereich übernehmen.

Kirchliches Tarifrecht

Kirchen haben ein eigenständiges Betätigungsrecht (siehe Kap. 13.5). Für sie und ihre Wohlfahrtsorganisationen gelten in der Regel die jeweiligen eigenen Tarifwerke.[62] Die Entgeltregelungen sind dabei eng an die Tarifvereinbarungen im öffentlichen Dienst angelehnt. Im Übrigen gibt es jedoch erhebliche Abweichungen vom allgemeinen Arbeitsrecht:

- Vom pädagogischen Fachpersonal in kirchlichen Einrichtungen wird eine Übereinstimmung mit den kirchlichen Glaubens- und Moralvorstellungen erwartet. Ein Verstoß gegen diese Loyalitätspflichten hat arbeitsrechtliche Konsequenzen bis hin zur Kündigung.

- Mitarbeiter in kirchlichen Einrichtungen werden durch eine Mitarbeitervertretung an den betrieblichen Entscheidungen beteiligt. Die Vorschriften des Betriebsverfassungsgesetzes und der für kommunale Einrichtungen gelten-

---

62 Weder bei der katholischen noch bei der evangelischen Kirche gibt es ein einheitliches kirchliches Arbeitsrecht. Je nach Trägerverband und Bistum gelten unterschiedliche Regelungen. Da jedoch auch die kirchlichen Regelwerke einen schriftlichen Arbeitsvertrag zwingend vorschreiben, ergibt sich das anwendbare Recht aus den Regelungen des Arbeitsvertrages.

den Personalvertretungsgesetze der Länder zur Bildung und Aufgabe von Betriebs- und Personalräten haben für kirchliche Einrichtungen keine Geltung.

- Die Löhne und anderen grundlegenden Arbeitsbedingungen werden in kirchlichen Einrichtungen überwiegend durch Gremien mit Vertretern der Arbeitnehmer und Arbeitgeber beschlossen, wobei die Gemeinsamkeit des Auftrags im Vordergrund steht und ein Streik der Arbeitnehmer oder eine Aussperrung durch den Arbeitgeber unzulässig sind.

15.2 Beendigung des Arbeitsverhältnisses

Wie jeder Vertrag kann auch das Arbeitsverhältnis von beiden Seiten mit einer ordentlichen Kündigung beendet werden. Gem. § 622 BGB gilt für Arbeitnehmer eine Frist von vier Wochen zum 15. oder zum Ende des Kalendermonats, für Arbeitgeber je nach Beschäftigungsdauer zwischen einem und sieben Monaten zum Ende des Kalendermonats. Während der Probezeit bis längstens sechs Monate kann mit einer Frist von zwei Wochen gekündigt werden. Die Kündigungsfristen des TVöD weichen von denen des BGB ab. Sie gelten für Arbeitnehmer und Arbeitgeber (vgl. § 34 TVöD). Ebenso gelten in kirchlichen Tarifverträgen eigene Regelungen für eine ordentliche Kündigung.

Ordentliche Kündigung

Zum Schutz der Arbeitnehmer wird das Kündigungsrecht des Arbeitgebers eingeschränkt. Eine betriebsbedingte Kündigung ist nach § 1 Kündigungsschutzgesetz (KSchG)[63] nur möglich, wenn dringende betriebliche Erfordernisse der Weiterbeschäftigung entgegenstehen. Der Arbeitgeber muss daher nachprüfbare Gründe vorlegen. Dies wäre z.B. der Fall bei einem Wegfall von Arbeitsplätzen, der Schließung von Gruppen etc. Bei der Auswahl sind soziale Gesichtspunkte zu berücksichtigen (Betriebszugehörigkeit, Lebensalter, Unterhaltspflichten). Ob die betriebsbedingte Kündigung gerechtfertigt ist, entscheidet im Streitfall das Arbeitsgericht.

Betriebsbedingte Kündigung

Eine personenbedingte Kündigung ist möglich, wenn der Arbeitnehmer den Anforderungen des Arbeitsplatzes dauerhaft nicht gewachsen ist, z.B. bei dauerhafter Erkrankung (mehr als sechs Wochen innerhalb eines Jahreszeitraums) oder bei Alkohol-, Medikamenten- oder

Personenbedingte Kündigung

---

63 Die Schutzvorschriften des KSchG gelten nur für Arbeitnehmer, die länger als sechs Monate beschäftigt sind (§ 1 Abs. 1 KSchG) und nur für Betriebe mit in der Regel mehr als zehn Beschäftigte (§ 23 Abs. 1 KSchG).

Drogenabhängigkeit. Die Voraussetzungen müssen im Einzelfall glaubhaft gemacht werden. Vor einer personenbedingten Kündigung soll durch Mitarbeitergespräche und Zielvereinbarungen nach Möglichkeiten gesucht werden, die Kündigung zu vermeiden. Auch sind Möglichkeiten einer Änderungskündigung oder Versetzung zu prüfen. Entsprechend dem jeweils anwendbaren Recht ist die Arbeitnehmervertretung (Betriebs- oder Personalrat) zu beteiligen.

Verhaltensbedingte Kündigung

Eine verhaltensbedingte Kündigung ist möglich, wenn durch ein Fehlverhalten des Arbeitnehmers die Fortsetzung des Arbeitsverhältnisses nicht mehr zuzumuten ist. Die Unzumutbarkeit kann mit der besonderen Schwere des Fehlverhaltens oder mit der Wiederholung begründet werden. Vor der Kündigung muss in der Regel eine Abmahnung erfolgen, wobei auch hier die Arbeitnehmervertretung in die Entscheidung einzubinden ist. Bei schwerwiegenden Verfehlungen, insbesondere wenn Kinder betroffen sind, erfolgt eine Kündigung fristlos.

Auflösungsvertrag

Das Arbeitsverhältnis kann aber auch im gegenseitigen Einverständnis mit oder ohne eine bestimmte Frist durch einen Auflösungsvertrag beendet werden. Hier einigen sich Arbeitgeber und Arbeitnehmer über die Einzelheiten der Beendigung des Arbeitsvertrages. Auflösungsverträge sind üblich, wenn das Arbeitsverhältnis bei zur Erleichterung eines Jobwechsels oder auch zur Vermeidung einer Kündigung ohne Einhaltung von Fristen beendet werden soll.

Schriftform

Die Beendigung von Arbeitsverhältnissen durch Kündigung oder Auflösungsvertrag bedürfen gem. § 623 BGB zu ihrer Wirksamkeit der Schriftform.

15.3 | Arbeitszeugnis

Arbeitnehmer haben bei Beendigung ihres Arbeitsverhältnisses gem. § 630 BGB einen Anspruch auf ein Arbeitszeugnis.[64] Dieses muss mindestens Angaben zu Art und Dauer des Arbeitsverhältnisses und Dauer der Tätigkeit haben (einfaches Zeugnis). Der Arbeitnehmer kann verlangen, dass sich die Angaben darüber hinaus auf Leistung und Verhalten im Arbeitsverhältnis erstrecken (qualifiziertes Zeugnis).

---

64 Hilfreich für dieses Thema ist das Sonderheft von *kindergarten heute* basiswissen kita: Beurteilungen & Zeugnisse, Freiburg: Herder 2008

Das Zeugnis muss klar und verständlich formuliert sein. Es darf keine Merkmale oder Formulierungen enthalten, die den Zweck haben, eine andere als aus der äußeren Form oder aus dem Wortlaut ersichtliche Aussage über den Arbeitnehmer zu treffen (§ 109 Abs. 2 Gewerbeordnung).

Für das Arbeitszeugnis gelten folgende Grundsätze:

- **Wahrheitspflicht** – Das Arbeitszeugnis darf die Leistungen und das Verhalten des Arbeitnehmers weder beschönigen noch falsch wiedergeben. Das Zeugnis muss alle wesentlichen Tatsachen und Bewertungen enthalten, die für die Gesamtbeurteilung des Arbeitnehmers von Bedeutung sind und an denen ein künftiger Arbeitgeber ein berechtigtes und schützenswertes Interesse hat.

- **Wohlwollende Darstellung** – Das Zeugnis muss grundsätzlich mit Wohlwollen formuliert sein. Es darf den Arbeitnehmer in seinem berufliches Fortkommen nicht ungerechtfertigt behindern.

- **Vollständigkeitspflicht** – Das Zeugnis darf keine Lücken enthalten und muss alle für die Beurteilung der Leistung wichtigen Tatsachen aufführen.

Der Anspruch auf ein Arbeitszeugnis ist fällig bei der tatsächlichen Beendigung des Arbeitsverhältnisses (Zugang der Kündigung, Auslaufen des befristeten Arbeitsvertrages). Der Arbeitnehmer muss seinen Anspruch auf ein Arbeitszeugnis geltend machen; bei Aufhebungsverträgen sollte das möglichst mit vereinbart werden. *Fälligkeit, Geltendmachung*

Der Anspruch des Arbeitnehmers auf ein Arbeitszeugnis verjährt nach drei Jahren (§ 195 BGB). Aber schon vorher (ca. 10 Monate) kann der Anspruch verwirkt sein, wenn der Arbeitnehmer den Eindruck erweckt, dass er kein Arbeitszeugnis haben will. Wenn der Arbeitnehmer einen Anspruch auf ein einfaches Arbeitszeugnis geltend gemacht hat, kann er im Nachhinein nur unter besonderen Voraussetzungen noch ein qualifiziertes Zeugnis verlangen. *Verjährung*

Der Arbeitnehmer hat einen vor dem Arbeitsgericht einklagbaren Anspruch auf Berichtigung eines unrichtigen oder unvollständigen Arbeitszeugnisses. Der Arbeitgeber hat ein Widerrufsrecht, wenn er später Kenntnisse schwerwiegender Art gewinnt, die das Arbeitszeugnis unrichtig machen, zum Beispiel eine schwerwiegende Verfehlung, die eine positive Leistungsbeurteilung („erzielte herausragende Arbeitsergebnisse") nicht mehr rechtfertigt. Der neue Arbeitgeber kann von einem alten Arbeitgeber bei schuldhaft grob unrichtigem Arbeitszeugnis Schadensersatz verlangen (§ 826 BGB sittenwidrige vorsätzliche Schädigung), Arbeitnehmer können wegen eines nicht *Berichtigung und Löschung* oder zu spät erstellten oder fehlerhaften Arbeitszeugnisses Anspruch auf den dadurch entstandenen Schaden geltend machen. Dabei muss das Fehlen des Zeugnisses ursächlich für die erfolglose Bewerbung sein.

15.4 Mitbestimmung der Arbeitnehmer

Nach § 1 Betriebsverfassungsgesetz (BetrVG) können Arbeitnehmer in privaten Betrieben ab einer bestimmten Mindestgröße zur Vertretung ihrer Interessen einen Betriebsrat wählen.

Die Rechte des Betriebsrates (BR) kann man grob in drei Kategorien einteilen:

- die Mitbestimmungsrechte,
- die Mitwirkungs- und Beratungsrechte sowie
- die Informationsrechte.

Mitbestimmung bei sozialen Angelegenheiten

Das stärkste Recht des BR ist das Mitbestimmungsrecht. Ein echtes Mitbestimmungsrecht hat der Betriebsrat in sozialen Angelegenheiten (z. B. Arbeitszeit, Pausen, Urlaubsgrundsätze, Arbeitsschutz), sofern nicht bereits eine vorrangige gesetzliche oder tarifvertragliche Regelung besteht (§ 87 BetrVG). Dabei kann der Arbeitgeber eine Maßnahme im Betrieb nicht durchführen, wenn er sich nicht vorher mit dem BR geeinigt hat. Für den Fall, dass eine Einigung nicht möglich ist, sieht das BetrVG in der Regel die Einigungsstelle als Schlichtung vor.

Mitwirkungs- und Beratungsrechte

Bei den Mitwirkungs- und Beratungsrechten erhält der BR zwar keine Möglichkeit, eine Maßnahme zu blockieren, er muss aber vor dem Beginn einer Maßnahme rechtzeitig und umfassend informiert werden, so dass er durch seine Beratung und eigene Vorschläge wirklich noch Einfluss haben kann. Allerdings muss sich der Arbeitgeber nicht an diese Anregungen halten. Beispiele für Beratungsrechte sind die Einführung von neuen Arbeitsmethoden (§111 BetrVG), die Änderung der Betriebsorganisation (§§112 und 112a BetrVG) oder die Planung und Gestaltung von Arbeitsplätzen (§90 BetrVG).

Anhörung bei Kündigung

Zudem muss der BR vor jeder Kündigung eines Arbeitnehmers angehört werden (§ 102 BetrVG). Eine Kündigung ohne Anhörung des BR ist unzulässig. Zwar muss der Arbeitgeber einem Widerspruch des Betriebsrats nicht folgen; falls der Arbeitnehmer aber Kündigungsschutzklage erhebt, muss er in der Regel bis zur endgültigen Gerichtsentscheidung weiterbeschäftigt werden.

Entsprechende Vorschriften gibt es für den öffentlichen Dienst nach dem jeweils geltenden Personalvertretungsgesetz des Landes für den Personalrat. Beschäftigte in kommunalen Kindertagesstätten üben als Beschäftigte der Gemeinde ihre Mitbestimmungsrechte über den Personalrat der Gemeindeverwaltung aus. Die Mitbestimmungsrechte des Personalrats entsprechen im Wesentlichen den Vorschriften des Betriebsverfassungsgesetzes.

Personalvertretung im öffentlichen Dienst

Die meisten kirchlichen Regelungen sehen Mitbestimmungsmöglichkeiten durch Arbeitnehmervertretungen vor, die allerdings nicht so weitreichend sind wie die Regelungen im weltlichen Bereich. Der in den jeweiligen Vorschriften näher bestimmte Aufgabenbereich geht von Rechten bei Kündigungen und Einstellungen von Arbeitnehmern bis hin zu Informations- und Mitbestimmungsrechten bei organisatorischen Maßnahmen im Betrieb und der Gestaltung des Arbeitsplatzes.

Kirchliche Regelungen

16 Literatur- und Internetempfehlungen

16.1 Gesetze

Der Text des **SGB VIII** mit einer kompakten Einführung kann auf der Homepage des Bundesministeriums für Familie, Senioren, Frauen und Jugend (BMFSFJ) unter dem Stichwort „Kinder- und Jugendhilfe" als kostenloses Druckexemplar bestellt oder als PDF-File heruntergeladen werden http://www.bmfsfj.de/BMFSFJ/Service/Publikationen/publikationsliste.html

Als Paperback gibt es Gesetzessammlungen zum **Jugendrecht** in der Reihe Beck-Texte, beim Deutschen Taschenbuchverlag und bei anderen Verlagen. Hier sollte man auf die aktuelle Auflage achten, da bei der Geschwindigkeit, in der heute Gesetze geändert werden, die Bücher schnell veralten.

Wer gezielt nach einem Gesetz oder einem Paragrafen eines **Bundesgesetzes** suchen will, kommt über die Eingabe (z.B. § 1 SGB VIII) auf die vom Bundesministerium der Justiz und von Juris betriebene Internetseite und von dort auf den aktuellen Gesetzestext. http://www.gesetze-im-internet.de/sgb_8/

Bei **Landesgesetzen** kann die Suche ebenfalls über die Internetseite des jeweiligen Ministeriums erfolgen. Bei anderen Websites ist Vorsicht geboten, denn sie liefern möglicherweise noch veraltete Texte.

Wichtiger Hinweis für das Zitieren von Gesetzen: Während bei Büchern, Aufsätzen, Dokumenten und Urteilen jeweils die Quelle angegeben werden muss, werden Gesetze ohne Quellenangabe zitiert. Beispiel für die richtige Zitierweise: § 1 Abs. 3 Nr. 1 SGB VIII

16.2 | Lehrbücher

Lehrbücher werden meist von Hochschullehrern geschrieben und wenden sich insbesondere an Studierende der Sozialarbeit und der Sozialpädagogik. Sie eignen sich zur systematischen Erarbeitung der Materie.

Für **die Kinder- und Jugendhilfe** ist der sehr verständlich geschriebene „Grundkurs Kinder- und Jugendhilferecht für die Soziale Arbeit" von **Reinhard J. Wabnitz** zu empfehlen. Vom gleichen Autor stammt der „Grundkurs Familienrecht für die Soziale Arbeit". Empfehlenswert ist auch das Lehrbuch „Recht der Familien- und Jugendhilfe" von **Gerhard Fieseler und Reinhard Herborth,** das insbesondere für die Praxis der sozialen Dienste im Jugendamt (ASD) geschrieben wurde. Die kurz und bündig geschriebene „Einführung in das Kinder- und Jugendhilferecht" von **Christian Bernzen** gibt mit weiterführenden Literaturangaben, eingestreuten Fällen und Lösungen und einer praxisorientierten Verarbeitung der Rechtsprechung mehr als nur einen Überblick.

Aktuelle Lehrbücher zum **Kindergartenrecht** gibt es offenbar nicht. Angekündigt ist eine umfangreiche Publikation von **Marion Hundt** „Pädagogik und Recht in der Kindertagesbetreuung". Das praxisorientierte „Rechtshandbuch für Erzieherinnen" von **Roger Prott** ist leider veraltet und im Buchhandel nicht lieferbar. Lieferbar und aktuell ist die von Roger Prott herausgegebene Sammlung „Aufsichtspflicht – Rechtshandbuch für Erzieherinnen und Eltern" mit einer Zusammenstellung von Texten zur Aufsichtspflicht. Ebenfalls praxisorientiert ist das 2016 in 23. Auflage erschienene Buch von **Simon Hundmeyer u. a.** „Recht für Fachkräfte in Kindertageseinrichtungen, Heimen und der Jugendarbeit". Umfassende Informationen geben die Loseblattsammlungen „Handbuch des Rechts für Kindertageseinrichtungen" von **Christian Schmidt** und das „Handbuch für Träger von Kindertageseinrichtungen" von **Matthias Hugoth**.

16.3 | Fachzeitschriften

Fachzeitschriften für Kindertagesstätten wie **KiTa aktuell** oder **kindergarten heute** und **Betrifft KINDER** bearbeiten meist pädagogische Themen, sie veröffentlichen aber auch gelegentlich Beiträge zu rechtlichen Fragen. Auf Rechtsfragen spezialisiert ist die Zeitschrift **KiTa aktuell Recht**, die mit vier Ausgaben pro Jahr erscheint.

Zu den Zeitschriften, die sich mit der gesamten Bandbreite des Kinder- und Jugendhilferechts beschäftigen, zählt die **Zeitschrift für Kindschaftsrecht und Jugendhilfe (ZKJ)** sowie die vom Deutschen Institut für Jugend- Familienrecht (DIJuF) herausgegebene Zeitschrift **Jugendamt (JAmt),** www.dijuf.de/jamt-fach zeitschrift.html.

16.4 Internetquellen

In der Praxis wird heute mehr und mehr auf Veröffentlichungen aus dem Internet zurückgegriffen. Bei diesen Hinweisen möchte ich Ihnen keine Web-Adressen oder Links auf einzelne Quellen geben, da diese Angaben schnell an Aktualität verlieren. Vielmehr wird empfohlen, mit bestimmten Stichwörtern in Suchmaschinen (Google, Bing, Yahoo, Ask.com etc.) zu suchen. Da es jedoch bei Internetquellen ungleich schwerer ist als bei Büchern und Zeitschriften, seriöse Veröffentlichungen von fehlerhaften Meldungen und Informationen zu unterscheiden, ist es gefährlich, sich bei schriftlichen Arbeiten und Referaten hauptsächlich auf Quellen aus dem Internet zu verlassen.

Der **Deutsche Bildungsserver** gibt die Möglichkeit, umfassende Informationen zum Bereich der Kindertagesstätten und Kindertagespflege abzurufen, www.bildungsserver.de/Elementarbildung-Bildung-und-Erziehung-in-Kindertagesbetreuung-1658.html

Das gilt auch für das vom Bund und von den Ländern geförderte **Fachkräfteportal der Kinder- und Jugendhilfe**, www.jugendhilfeportal.de/

Interessante Beiträge, u.a. auch zum Kindertagesstättenrecht, enthält das von Martin Textor herausgegebene **Online-Handbuch zur Kindergartenpädagogik**, www.kindergartenpaedagogik.de/

Sachwortregister

Gut begleitet – von Anfang an
Frühkindliche Entwicklung in Theorie und Praxis

Hartmut Kasten: *0-3 Jahre – Entwicklungspsychologische Grundlagen und frühpädagogische Schlussfolgerungen*

Wie läuft die Entwicklung von Kleinkindern im Detail ab? Was nimmt das Neugeborene wahr, wann beginnt das Denken, was geht im Kind während der Trotzphase vor, wie entwickelt es Interessen? Und wie sollten sich Bezugspersonen verhalten, um die Entwicklung zu unterstützen?
Mit diesem Buch gewinnen Sie einen Überblick über die kindliche Entwicklung in den ersten drei Lebensjahren und den aktuellen Forschungsstand der Entwicklungs- und Pädagogischen Psychologie.

Aktuelle Preise und weitere Informationen finden Sie unter
cornelsen.de/fruehe-kindheit

5., überarbeitete Auflage, 978-3-589-15397-8